Thematischer Basis- und Aufbauwortschatz

DEUTSCH - ARABISCH

معجم موضوعي للمفرادت الأساسية ألماني-عربي

Thematisches Lern- und Nachschlagebuch

von

Noor Nazrabi

BAND 1

Afghanistik Verlag

Social Business Verlag

Kabul | Tehran | Damaskus | Kairo | Hamburg

D1997151

Bibliografische Information der Deutschen Nationalbibliothek
Die Deutsche Nationalbibliothek verzeichnet diese Publikation in der Deutschen Nationalbibliografie; detaillierte bibliografische Daten sind im Internet über http://dnb.d-nb.de abrufbar.

© 2015 Noor Nazrabi
Der Autor ist zu erreichen: *noor.nazrabi@afghanistikverlag.de*

Afghanistik Verlag - Social Business Verlag

Afghanistik Verlag Produktinfos und Shop: www.afghanistikverlag.de
E-Mail: info@afghanistikverlag.de

Hinweise und Anregungen, für die wir jederzeit dankbar sind, richten Sie mit Seitenangaben und Band-Nummer an: *korrektur@afghanistikverlag.de*

Das Werk, einschließlich aller seiner Teile, ist urheberrechtlich geschützt. Jede Verwertung ist ohne Zustimmung des Verlages und des Autors unzulässig. Dies gilt insbesondere für die elektronische oder sonstige Vervielfältigung, Übersetzung, Verbreitung und öffentliche Zugänglichmachung. Dies gilt auch für Intranets von Firmen, Schulen und sonstigen Bildungseinrichtungen.

Umschlaggestaltung Noor Nazrabi
Satz Noor Nazrabi
Druck und Bindearbeit WIRmachenDRUCK GmbH, Backnang

Titelfoto © freeislamiccalligraphy.com Tasbih, Calligraphy in the public domain
Rückseite © freeislamiccalligraphy.com Tasbih, Calligraphy in the public domain

Projektleitung Deutsch Muska Haqiqat
Lektorat Deutsch Muska Haqiqat
Übersetzung Mohamad Zuhair Koudmani, Ibrahim Derin
Korrektur Soufian Ben Afia

Printed in Germany.
ISBN 978-3-945348-15-4

Arabisch Wörterbuch
gelöscht

Der thematische Grundwortschatz bietet Ihnen in 13 Kapiteln, 88 Unterkapiteln und 100 Themenbereichen die Möglichkeit, Ihren Wortschatz systematisch und umfassend nach Themenbereichen zu erweitern.

Themen und Schwerpunkte

Die Auswahl der Themen in BAND 1. Grundwortschatz erleichtert interessierte Leser, sich mit den wichtigsten Wörtern auseinanderzusetzen und gezielt für bestimmte Situationen einzusetzen.

Sichere und korrekte Aussprache

Die vereinfachte Lautschrift im Inhaltsverzeichnis und der phonetischen Umschrift der Wörter, erleichtert die richtige Aussprache.
Diese Voraussetzungen erfüllt das Nachschlagwerk, um die Wörter korrekt auszusprechen.

Dari und Deutsch - Register

Mit dem Deutsch - Arabisch und Arabisch- Deutsch Register kann der Leser gezielt nach Vokabeln nachschlagen, wo Sie die Bedeutung und Aussprache dazu finden.

Hamburg, Oktober 2015
Noor Nazrabi

Deutsch	Arabisch
A	ا
B	بی
C	ثی
D	دی
E	ی
F	ایف
G	کی
H	ها
I	ای
J	یوت
K	کا
L	ایل
M	ایم
N	این
O	و
P	بی
Q	قو

Deutsch	Arabisch
R	اير
S	ايس
T	ايس
U	او
V	فاو
W	فى
X	ايكس
Y	ايبسيلون
Z	تسيت
	و

absagen	أَلْغَى	أبسَاگِن
addieren	جَمَعَ	أَدِّيرِن
akzeptieren	قَبِلَ	أَكزِبتِيرِن
anmelden	سَجَّلَ	أَملِدِن
anreden	خَاطَبَ	أنرِدِن
anrufen	اتَّصَلَ	أنرُوفِن
anschauen	نَظَرَ	أنشوَن
anschwellen	انْتَفَخَ	أنشولَّن
anstellen	وَقَفَ في	أَنشتِلَّن
anstrengen	اجتهد	أَنَشترِنگِن
anziehen	لَبِسَ	أَنْزِهِن
arbeiten	عَمِلَ	أربَيْتِن
aufhören	زَالَ	أَوفهِرِن
aufmachen	فَتَحَ	أوفمَخِن
ausfüllen	مَلَأَ	أَوْسفِلَّن
ausruhen	استراح	فلِن
ausschalten	أَطْفَأَ	أَوْسشَلْتِن
auswendig lernen	حَفِظَ	أَوْسوَندِك لَرنِن
befehlen	أَمَرَ	بِفلِنْ
besetzen	احْتَلَّ	بِسزتزِن
bestellen	طَلَبَ	بِشتِلَّن
beten	صَلَّى	بِتِن
binden	رَبَطَ	بِندِن
blasen	نَفَخَ	بلَا سِن
bleiben	بَقِيَ	بَلَيبِن
brennen	احْتَرَقَ	بَرنَّن

bringen	أَحْضَرَ	برنگِن
brennen	احْتَرَقَ	بَرِنَّن
danken	شَكَرَ	دَنكِن
denken	فَكَّرَ	دِنكِن
diskutieren	نَاقَشَ	دِسكُترِن
einschalten	فَتَحَ / أَضَاءَ	أَيْنشَلتَن
entschuldigen	عَذَرَ	إنشُلدِكِن
erziehen	رَبَّى	أَرزِهِن
essen	أَكَلَ	أَسَّن
fallen	وَقَعَ	فلَّن
festnehmen	أَلْقَى الْقَبْضَ على	فَستِنمِن
finden	وَجَدَ	فِندِن
fliegen	طَارَ	فلِگِن
fragen	سَأَلَ	فرَگِن
geben	أَعْطَى	گِبِن
gehen	مَشَى	گِهِن
gründen	أَسَّسَ	كِرُندِن
haben	لَدَى	هَبِن
heben	رَفَعَ	هِبِن
heiraten	تَزَوَّجَ	هَيرَتِن
helfen	سَاعَدَ	هِلفِن
hinauswerfen	طرد	هِنَوسْفِرفَن
hören	سَمِعَ	هُرِن
jagen	اسطاد	يَاگِن
kochen	طَبَخَ	كُخِن

kommen	أَتَى	كُمَّن
können	اسْتَطَاعَ	كُنَّن
kratzen	خَمَشَ	كرَتزِن
küssen	قَبَّلَ	كُسَّن
lachen	ضَحِكَ	لَخِن
laufen	جَرَى	لَوْفِن
legen	وَضَعَ	لِگِن
lernen	تَعَلَّمَ	لِرْنِن
lesen	قَرَأَ	لِسِن
machen	فَعَلَ	مَاخِن
nähen	خَيَّطَ	نِيهِن
nehmen	أَخَذَ	نِيمِن
öffnen	فَتَحَ	أُ⊠فْفنِن
produzieren	صَنَعَ	بُرُدُتزِيرِن
rechnen	حَسَبَ	رِشنِن
rennen	رَكَضَ	رِنَّن
reparieren	صَلَّحَ	رِبَرِيرِن
rutschen	تَزَحْلَقَ	رُتْشِن
sagen	قَالَ	سَاگِن
schenken	أَهْدَى	شَنْكِن
schlafen	نَامَ	شلَفِن
schlagen	ضَرَبَ	شَلَگِن
schließen	أَغْلَقَ	شليسِن
schneiden	قَطَعَ	شنَيدِن

schreiben	كَتَبَ	شرَيِبِن
sehen	رَأَى	سِهِن
sein	كَانَ	سَين
senden	أَرْسَلَ	سَندِن
sitzen	قَعَدَ	سِتزِن
spielen	لَعِبَ	شبِيلِن
stehen	وَقَفَ	شتِهِن
suchen	بَحَثَ	سُخِن
teilnehmen	شَارَكَ	تيْلنِمِن
tragen	حَمَلَ	ترَگِن
trinken	شَرِبَ	ترِنكِن
üben	مَارَسَ	أُبِن
überraschen	فَاجَأَ	برَّشِن
überweisen	حَوَّلَ	أُبَرْوَيسِن
überzeugen	أَقْنَعَ	أُبِرْزُيكِن
unterschreiben	وَقَّعَ	أُنتَشرَيْبِن
verabschieden	وَدَّعَ	فَرْأَبشِدِن
verkaufen	بَاعَ	فَركَوفِن
verstehen	فَهِمَ	فَرشِتِهِن
versuchen	حَاوَلَ	فَرسُخِن

vorsichtig sein	حَذِرَ	فُرِسِشْتِيش سَين
wachsen	نَمَا	وَكْسِن
wählen	اخْتَارَ	وِيلِن
wegnehmen	أَزَاحَ	وِگنِمِن
wehen	هَبَّ	وِهِن
werden	أَصْبَحَ	وِردِن
werfen	رَمَى	وِرفِن
wiederholen	كَرَّرَ	وِيدَرْهُولَن
wissen	عَرَفَ / عَلِمَ	وِسَّنْ
wollen	أَرَادَ	وُلَّن
zahlen	دَفَعَ	زَلِنْ
zählen	عَدَّ	زِلِنْ
zeigen	دَلَّ / أَشَارَ / أَرَى	زَيْگَن
ziehen	جَرَّ	زيهَن
zurückkehren	رَجَعَ	زُرُكَّرِن

ÄMTER UND BEHÖRDENGÄNGE

WICHTIGSTE VOKABELN FÜR DIE HELFER BEI DER ESSENSAUSGABE	الكلمات الأساسية للمعاونين خلال تقديم الوجبات
WICHTIGSTE VOKABELN FÜR DIE HELFER BEI DER KLEIDERAUSGABE	الكلمات الأساسية للمعاونين في مسألة الملابس
WICHTIGSTE VOKABELN FÜR DIE HELFER DIE FÜR PFLEGE UND GESUNDHEIT	الكلمات الأساسية للمعاونين للرعاية والصحة
VERZEICHNIS DER AM HÄUFIGSTEN GEBRAUCHTEN BEGRIFFLICHKEITEN IM RAHMEN DES ASYLVERFAHREN	قائمة المفاهيم الأكثر استخداماً في نطاق إجراءات اللجوء
VERZEICHNIS DER HÄUFIGEN GEBRAUCHTEN ABKÜRZUNGEN IM RAHMEN DES ASYLVERFAHREN	قائمة الاختصارات المستخدمة بشكل متكرر في نطاق إجراءات اللجوء

Wichtigste Vokabeln für die Helfer/-innen bei der Essensausgabe

Abendessen	آبندإسّن	وجبة عشاء
Apfel	أپفل	تفاحة
Apfelsine	أپفلزينه	برتقالة
Aubergine	أوْبغْجينه	باذنجان
Banane	بنانه	موز
Becken	بكْن	حوض
Birne	بيغْنه	كمثرى
Blumenkohl	بْلومْنْكول	قرنبيط
Bohne	بونه	فول
Butter	بوتغ	زبدة
Eier	أيغ	بيض
Erbse	إغبزه	بسلة
Fisch	فش	سمك
Frühstück	فغوشتك	وجبة فطور
Gabel	ݣابل	شوكة
Gemüse	ݣِموزه	الخضروات
Gurke	ݣوغْكه	خيار
Honig	هونِشْ	عسل
Honigmelone	هونِشْمِلونه	شمام
Huhn	هون	دجاج
Kaffee	كفِيه	قهوة
Karotte/ Möhren	كغوته/موغْنْ	جزرة / جزر
Kartoffel	كغْطوفْلْ	بطاطس
Käse	كيزّه	جبن
Kichererbse	كيشغ إغْبْزه	حمص

Wichtigste Vokabeln für die Helfer/-innen bei der Essensausgabe

Rhabarber	غابغبِغْ	راوند
Rindfleisch	غِندْ فْلايْشْ	لحم البقر
Rohrzucker	غوغِ تْسوكِغْ	قصب سكر
Rübe	غوبه	لفت
Salz	سَلْتْسْ	ملح
Sauce	زوسُه	صلصة
schälen	شِيلَنْ	قشر
Spinat	شْپِناتْ	سبانخ
Spülbecken	شپولْ بِكِنْ	حوض/مغسلة
Spule	شپولُه	حوض/مغسلة
spülen	شْپولِنْ	تقوم بالغسيل
Spülmittel	شْپولْ مِتِلْ	صابون أطباق
Suppe	زوپه	حساء
Suppenlöffel	زوپنْ لوفَلء	معلقة شوربة
Tablet	تَبْلِتْ	لوح
Tee	تِيه	شاي
Teekanne	تِي كانُه	إبريق الشاي
Teller	تِلَغْ	طبق
Temperatur	تِمْپِغاتوغ	درجة الحرارة
Tischdecke	تيشء دكه	غطاء طاولة
Tomate	توماته	طماطم
Traube	تخاوبه	عنب
Wasser	ڤاسغ	ماء
Weinrebe	ڤاينغيبه	كرمة
Zitrone / Limone	تسِتخونه	ليمون / الليمون الأخضر

Wichtigste Vokabeln für die Helfer/-innen bei der Kleiderausgabe

Anzug	أنتسك	بدلة
Badeanzug / Bikini	باده أنتسك/بِكيني	ملابس السباحة / بيكيني
Bluse	بلوزه	بلوزة
Busenhalter	بوزن هالتغ	حمالة صدر
Hemd	هِمدْ	قميص
Hose	هوزُه	بنطال
Jacke	ياكه	سترة
Jeans	دْجينْزْ	بنطلون جينز
Kleid	كلايدْ	فستان
Kleiderausgabe	كلايدْ أوْسْڠابه	توزيع ملابس
Knopf	كْنوپْف	زر
Ledermantel	ليدغ مانتل	معطف جلد
Mantel	مانتل	جاكيت
Pullover	پولوڤغ	سترة
Rock	غوك	صخرة
Sakko	زَكو	جاكيت
Schlafanzug	شلافْأنتسوك	منامة/بيجامة
Slip	سليپ	سروال تحتي
Strumpf	شتغومپف	جورب/شراب
Unterhemd	أونتغ هِمد	قميص داخلي
Unterhose	أونتغ هوزُه	سراويل تحتية
Wintermantel	ڤنتغ مانتل	معطف شتوي

Wichtigste Vokabeln für die Helfer/-innen bei der Pflege und Gesundheit

Aids	إيدز	الإيدز
Alarm	ألاغم	تنبيه
Allergie	ألِغڭي	حساسية
Asthma	أستما	ربو
Atembeschwerden	آتِمبِش	صعوبة في التنفس
Binde	بنده	منديل
Brand	بغَنْد	حريق
Diabetes	ديابتيس	داء السكري
Durchfall	دوغش فال	إسهال
Entzündung	إنتسندونك	التهاب
Epilepsie	إپلپسي	صرع
Erste Hilfe	إغسته هيلفه	إسعافات أولية
ertrinken	إغتخِنكن	يغرق
Gelbsucht	ڭلبزوخت	مرض اليرقان
Geschlechtskrankheit	ڨلشْتكخَنكهايتِ	مرض تناسلي
Grippe	ڭغپِه	أنفلونزا
Herzanfall	هغتس أنفل	أزمة قلبية
husten	هوستن	سعال
Kinderlähmung	كندغ ليمونك	شلل الأطفال
Krampf	كخامپف	تشنج
Krankenwagen	كخَنْكن ڤاڭن	سيارة إسعاف
Krankheit	كخَنْكهايت	مرض

Wichtigste Vokabeln für die Helfer/-innen bei der Pflege und Gesundheit

Lähmung	ليمونك	شلل
Magenschmerzen	مانتل	ألم المعدة
Malaria	ماكْن شمغتسن	ملاريا
Masern	مازغن	الحصبة
Notrufnummer	نوت غوفنومغ	رقم هاتف الطوارئ
Rückenschmerzen	غوكن شمغتسن	ألم الظهر
Sanitäter	زنتتغ	مسعف
Schlaganfall	شلاك أنفل	سكتة دماغية
überfahren	أوبغفاغن	دهس
um Hilfe rufen	أوم هيلفه غوفن	نداء استغاثة
Verband	فغبند	جمعية
Verletzung	فغلتسونك	ضرر
Verstopfung	غِغْشطوبفونك	إمساك
zusammenstoßen	تسوزاةن شطوسن	يصطدم

Verzeichnis der häufiger gebrauchten Begrifflichkeiten im Rahmen des Asylverfahren

Altersfestsetzung	التاس فاستزاتسونغ	تعيين عمر / دراسة
Anhörung	انهورونغ	جلسة استماع
Dolmetscher / Übersetzer	دولمتشر / اوبرزتسر	مترجم
Dublin-Verordnung	دابلين - فاراوردنونغ	نظام دبلن
Protokoll	پروتكل	بروتوكول
Asyl	ازويل	حق اللجوء السياسي
Asylantrag	ازويل انتراغ	حق اللجوء السياسي
Asylverfahren	ازويلفارفاهن	إجراءات اللجوء
Aufenthaltserlaubnis	اوفنتهلتسرلوبنيس	تصريح الإقامة
Aufenthaltstitel	اوفنتهلتستيتل	تصاريح الإقامة
Ausbildung	اوسبيلدنغ	تدريب مهني
Ausländerbehörde /Ausländeramt	اوسلندة بهرده/ اوسلندة امت	مكتب الأجانب / مكتب الهجرة
BAMF	بمف	BAMF
Behörde	بهرده	هيئة
Betreuer	بيتروير	راعي
Bundesland	بوندسلند	دولة فيدرالية
Duldung	دولدونغ	تصريح المدى القصير
EU	او	الاتحاد الأوروبي
Familienzusammenführung	فاميلين تسوزانفورونغ	جمع شمل الأسرة
Flüchtlingsräte	فلوشتلينغزسغيته	مجالس اللاجئين
Flüchtlingsstatus	فلوشتلينغزشتاتوس	وضع اللاجئ
Gemeinschaftsunterkunft für Asylbewerber (GU)	غيماينشافتس اونتاكنفت فورازول بيفربه	الإسكان الجماعي لطالبي اللجوء (GU)
Gericht	غيريشت	محكمة
gesetzlich	غيزتسلش	من الناحية القانونية
Grundgesetz	غروند غيزيتس	القانون الأساسي

Verzeichnis der häufiger gebrauchten Begrifflichkeiten im Rahmen desAsylverfahren

humanitäre Gründe	هومانيتاره غروندة	أسباب إنسانية
humanitärer Aufenthalt	هومانيتاره اوفنتهالت	إقامة إنسانية
Identitätsdokumente	ايدانتيتات دوكونته	وثائق الهوية
Inobhutnahme	ان اوبهوتنامه	مع رعاية
Interview	انترفيو	مقابلة
Interview im Asylverfahren	انترفيو ام ازول فرفارن	مقابلة في إطار إجراءات اللجوء
Jugendamt	يوغند امت	مكتب رعاية الشباب
Jugendhilfe	يوغند هيلفه	خدمات الشباب
Kinder- und Jugendhilfegesetz	كينده اوند يوغند هيلفه غيزاتس	قانون خدمات الأطفال والشباب
Klage	كلاغه	إجراءات قانونية
minderjährig	مينده يغيش	تحت السن القانونية
Organisation / en	اورغنيزاسيون/ ان	منظمة
Psychologen / Psychotherapeuten	بسيشولوغن/ بسيشوتيرابويتن	علماء النفس العلاج النفسي
Rechtsanwalt	ريشتسانفلت	محام
Residenzpflicht	ريزدانتس بفليشت	الالتزام بالبقاء في مكان
Rontgenuntersuchung	رونتغن اونتاسوخنغ	فحص بالأشعة السينية
Schulpflicht	شحول فليخت	التعليم الإلزامي
Sorgeberechtigte / r	زورغه بريشتغته	الشخص الذي له رعاية وحضانة الطفل
unbegleitete minderjährige Flüchtlinge	اونبغلايتته مينده يريغة فلوشتلينغه	اللاجئين القصر غير المصحوبين
Unterbringung	انتربرينغنغ	الإقامة
Volljährigkeit	فول يغيشكايت	[سن الرشد [القانون
Vormund	فورموند	حارس قانونى

Verzeichnis der häufiger gebrauchten Begrifflichkeiten im Rahmen desAsylverfahren

Abt.	Abteilung	قسم
AA	Auswärtiges Amt	وزارة الشؤون الخارجية
ABH	Ausländerbehörde	السلطة الأجنبية
AIDA	Asylum Information Database	قاعدة بيانات اللجوء
Art.	Artikel	(المادة (القانون
AsylbLG	Asylbewerberleistungsgesetz	قانون فوائد طالبي اللجوء
AsylVfG	Asylverfahrensgesetz	قانون اللجوء الداخلي
AufenthG	Aufenthaltsgesetz	قانون الإقامة / القانون
AuslG	Ausländergesetz	[قانون الأجانب [القانون
AZR	Ausländerzentralregister	السجل المركزي للأجانب
B.v.	Beschluss vom	بقرار من
BAföG	Bundesausbildungsförderungsgesetz	قانون مساعدات التدريب للطلاب في المدارس الثانوية والجامعات في ألمانيا
BBfA	Bundesbeauftragter für Aylangelegenheiten	المفوض الاتحادي لشؤون اللجوء
Bd.	Band	شريط
BMZ	Bundesamt für Migration und Flüchtlinge	الوكالة الاتحادية للهجرة واللاجئين
BGB	Bürgerliches Gesetzbuch	مدونة القانون المدني
BGBl	Bundesgesetzblatt	جريدة القانون الفيدرالي
BMF	Bundesministerium der Finanzen	وزارة المالية الفيدرالية
BMI	Bundesministerium des Innern	وزارة الداخلية الفيدرالية
Bpr	Bundespräsident	الرئيس الاتحادي
BReg.	Bundesregierung	الحكومة الاتحادية
BT	Bundestag	البرلمان الألماني
BVerfG	Bundesverfassungsgericht	المحكمة الدستورية الفيدرالية
BVerwG	Bundesverwaltungsgericht	المحكمة الإدارية العليا
BVS	Bundesverfassungschutz	المكتب الاتحادي لحماية الدستور

Verzeichnis der häufiger gebrauchten Begrifflichkeiten im Rahmen desAsylverfahren

bzw.	beziehungsweise	على التوالي
d.h.	das heißt	هذا يعنى
EU	Europäische Union	الاتحاد الأوروبي
EuGH	Europäischer Gerichtshof	محكمة العدل الأوروبية
EURODAC	Europäische Datenbank zur Speicherung von Fingerabdrücken.	فحص البصمات الأوروبي
FFM	Frankfurt am Main	فرانكفورت
GFK	Genfer Flüchtlingskonvention	الاتفاقية الخاصة بوضع اللاجئين
GrCharta	Charta der Grundrechte der Europäischen Union	ميثاق الحقوق الأساسية للاتحاد الأوروبي
IGH	internationaler Gerichtshof	المحكمة الدولية
M.A.	Magister Artium	ماجستير في الآداب
NGO	Nichtregierungsorganisation(en)	منظمات غير حكومية
PTBS	Postraumatische Belastungsstörung	اضطراب ما بعد الصدمة
StAG	Staatsangehörigkeitsgesetz	قانون المواطنة / قانون الجنسية
StGB	Strafgesetzbuch	القانون الجنائي
UN	United Nations	الأمم المتحدة
UNAMA	Die Unterstützungsmission der Vereinten Nationen in Afghanistan	بعثة الأمم المتحدة للمساعدة في أفغانستان
UNHCR	Der Hohe Kommissar der Vereinten Nationen für Menschenrechte	المفوض السامي للأمم المتحدة لحقوق الإنسان
UNHCR	Hochkommissar der Vereinten Nationen für Flüchtlinge	مفوض الأمم المتحدة السامي لشؤون اللاجئين
UNICEF	Das Kinderhilfswerk der Vereinten Nationen	صندوق الأمم المتحدة للطفولة
UNRWA	Hilfswerk der Vereinten Nationen für Palästina-Flüchtlinge im Nahen Osten	وكالة الأمم المتحدة لإغاثة وتشغيل اللاجئين الفلسطينيين في الشرق الأدنى

KAPITEL 1

DER MENSCH UND SEIN WESEN

1.1 Persönliche Angaben

معلومات شخصية

Mann, der	الرجل	مَن
Frau, die	امرأة	فرَوْ
männlich adj.	مذكر	مَنلِش
weiblich adj.	مؤنث	وَيْبلِح
Nationalität, die	جنسية	نتِيُنَلِتِتْ
Staatsbürgerschaft, die	التَبَعِية	شطَاتسبُرگَرشَفت
Herkunft, die	الأصل	هَاركُنفت
Geschlecht, das	الجنس	گَشلَشت
Nachname, der	اسم العائلة	نَاخنَامَ
Vorname, der	اسم	فُورنَامَ
Person, die	الشخص	بَرسُون
Größe, die	الكُبر	گرُوسَ
Geburtsdatum, das	تاريخ الميلاد	گَبُرتسدَاتُم
Geburtsort, der	محل الميلاد	گَبُرتسأُرت
Adresse, die	العنوان	أَدرِسَّ
Telefonnummer, die	رقم الهاتف	تِلِفْنُنمَّر
Wohnort, der	محل الإقامةالسكنى	وُنأُرت
Beruf, der	المِهنة	رُوس

معلومات شخصية

1.2 Äußere Erscheinung

Aussehen, das	المَنظر / الهيئة	أَوْسَّاهَن
Figur, die	الشكل	فِگُور
fett adj.	سمين	فَت
äußere adj.	ظاهر	أُيْسَرِ
dünn adj.	نحيف	دُن
kräftig adj.	قوي	كرِفتِگ
groß adj.	كبير	گرُوس
klein adj.	صغير	كلَيْن
Größe, die	الكبر	گرُوسَ
Typ, der	النَوْع	تِيب
Gesichtsausdruck, der	السيما	گَسِجتسأَوْسدرُك
blass adj.	باهت,اصفر (وجهه)	بلَس
beschreiben	وصف	بَشرَيبَن
hellhäutig adj.	من ذوي البشرة الفاتحة	هَلهُيْتِگ
dunkelhäutig adj.	داكن	دُنكَلهُيْتِگ
Eindruck, der	الانطباع	أَيْندرُك
hübsch adj.	جميل	هُبش
hässlich adj.	قبيح,بشع	هَسلِش
unattraktiv adj.	عير جذاب	أُنؤَترَكتِيف
dunkelhaarig adj.	ذات الشعر الداكن	دُنكَلْهَرِگ

1.3 Eigenschaften und Charaktere

Optimismus, der	التفاؤل	أُبتِمِسمُس
optimistisch adj.	تفاؤلي	أُبتِمِستِش
Hoffnung, die	الأمل	هُففُنُنگ
Hoffnungslosigkeit, die	اليأس	هُففُنُنگسلُوسِگکَیْت
eifersüchtig adj.	غيور	أَيْفَرسُشتِگ
Eifersucht, die	الـغيرة	أَيْفَرسُخت
verachten	احْتَقَرَ	فَرأَختَن
verantwortungsbewusst adj.	مسؤول	فَرأَنتوُرتُنگسبَوُست
wünschen	رَغِبَ	وُنشَن
begehren	بَغَى	بَگَارِن
sehnen nach	اشْتَاقَ	سِنِنْ نَخ
interessant adj.	مثير للإهتمام	إنتَرِسَنت
ertragen	احتمل	أَرتِراگَن
tolerieren	سمح	تُلَرِيرِن
dulden	سمح	دُلدَن
anbeten	عبد	أَنبَتِن
Drang, der	النزعة	درَنگ
Stimmung, die	المزاج	شتِمُنگ
Verhalten, das	التصرف,السلوك	فَرهلتَن
gewöhnlich adj.	عادي	گَوُنلِج

موقف تجاه الحياة

1.4 Lebenseinstellungen

Charakter, der	الخُلُق	كَرَكتَر
Pessimist, der	المتشائم	بَسِمِست
Optimist, der	المتفائل	أُبتِمِسْت
Materialist, der	المادي	مَترِيَلِست
Romantik, die	الرومانتيكية	رُمَنتِك
Idealist, der	المثالي	إدَيَلست
Heuchler, der	المنافق	هُيْشلَر
Hypochonder, der	المراقي	هِبُكُندَر
Perfektionist, der	المحسِن	بَرفَكتسِيُنِست
Menschenverstand, der	العقل	مَنشَنفَرشطَنت
Verhalten, das	السلوك	فَرهَلتَن
verhalten	سَلَكَ	فَرهلتَن
Fanatiker, der	المتعصِّب	فَنَاتِكَر
Mentalität, die	العقلية	مَنتَلِتِت
Atheist, der	الملحد	أَتئِست
sich gewöhnen an	عَوَّدَ	سِح گَوُونَن أَن
melancholisch adj.	سوداوي	مَلَنكُولِش
Zyniker, der	الساخر	سِينِكَر
Pazifist, der	المسالم	بَسِفِست

1.5 Positive Eigenschaften

Gutherzigkeit, die	الصِلاح	گُوتهَرسِگكَيْت
Philantrop, der	المحسن	فِلَنترُوب
Toleranz, die	التسامح	تُلَرَنس
Mitgefühl, das	الرحمة	مِتگَفُول
Hilfsbereitschaft, die	الإستعداد للمساعدة	هِلفبَرَيْتشَفت
Intelligenz, die	الذكاء	إنتَلِگَنس
Emotion, die	الشعور	أَمُتسِئُون
Offenheit, die	الصراحة	أُفَنهَيت
Loyalität, die	الولاء	لُيَلِتِت
Selbstbewusstsein, das	الإعتداد بالنفس	سَلبستبَوُستسَيْن
Entschlossenheit, die	العزم / الحزم / التصميم	أَنتشلُسَّنهَيْت
Zuverlässigkeit, die	الأمانة	سُفَرلَسِّگكَيت
Treue, die	الإخلص / الوفاء	ترُيْئَ
Ehrlichkeit, die	الصدق	أَرلِشكَيْت
Fairness, die	العدالة	فَيْرنَس
einfach adj.	سهل	أَيْنفَح
nett adj.	مليح / حلو / لطيف	نَت
Fleiß, der	الإجتهاد	فلَيْس
hilfsbereit adj.	مستعد للمساعدة	هِلفسبَرَيْت
arbeitsam adj.	مجتهِد	أَربَيْتسَام
nachsichtig, die	متسامِح	نَخسِشتِگ
clever adj.	ذكيٌّ	كلَوَر

صفات إيجابية

1.6 Negative Eigenschaften

صفات سلبية

böse adj.	زعلان	بُوزَ
faul adj.	كسلان	فَوْل
egozentrisch adj.	أناني	أَگُسَنترِش
unordentlich adj.	غير منتظم / مهمَل	أُنؤُردَنتلِح
aggressiv adj.	عدواني	أَگرِسيف
ruhig adj.	هادئ / ساكن	رُهِگ
Unpünktlichkeit, die	التأخُّر	أُنبُنكتلِجكَيت
Dummheit, die	الحمق	دُمهَيْت
Rücksichtslosigkeit, die	بدون المبالاة	رُكسِجتسلُوسِگكَيت
untreu adj.	خائن	أُنترُيْ
naiv adj.	ساذج	نَئِيف
Unzuverlässigkeit, die	بدون الأمانة	أُنسُفَرلَسِگكَيت
Gemeinheit, die	الدناءة	گَمَينحَيْت
stur adj.	عنيد	شتُور
rachsüchtig adj.	انتقامي	رَحسُهتِگ
Opportunist, der	الإنتهازي	أُبُرتُنِست
destruktiv adj.	مخرِّب	دَسترُكتِيف
eifersüchtig adj.	غيور	أَيْفَرسُهتِگ
engstirnig adj.	محدود	أَنگشترِنِگ
schüchtern adj.	خجول	شُهتَرن
Narzissmus, der	النرجسية	نَرسِسمُس
radikal adj.	متطرِّف	رَدِكَال

KAPITEL 2

LEBENSABSCHNITTE

2.1 Geburt bis Jugend

Kind, das	الطفل	كِنْد
Erwachsene, der	البالغ	أَرْوَكْسَنَ
Junge, der	الولد	يُنْگَ
Mädchen, das	البنت	مَدشَن
Mensch, der	الانسان	مَنش
Jugend, die	الشبيبة	يُوگَند
Heranwachsende, der	المراهق	هَرَنوَكسَندَ
Jugendlichen, die	الشباب	يُوگَندلِهَن
Kindheit, die	التُفولة	كِنْدْهَيْت
geboren werden	وُلِدَ	گَبُورِنْ وَرْدَنْ
wachsen	صَبِيٍّ	وَكسَن
aufwachsen	نَشَء	أَوْفوَكْسَنْ
Pubertät, die	المراهقة	بُوْبَرْتِت
Geburt, die	الولادة	گَبورْت
kleiner Junge	الفتى	كلَيْنَرْ يُنْگَ
Leben, das	الحياة	لِبَنْ
jung adj.	صغير / فتيٌّ	يُنْگ
gebären	ولد	گَبَارِن
Waise, die	اليتيم	وَيْزَ
erwachsen adj.	بالغ	أَرْوَكسَن
Schwangerschaft, die	الحمل	شِوَنْگَرْشَفْت
adoptieren	تبنى	أَدُبْتِيرِنْ
Jugendlichkeit, die	الشبابية	يُوگَنْدْلِهْكَيْت

2.2 Die mittleren Jahre

alt adj.	قديم	أَلْت
Erwachsener	و ِ ث	أَرْوَكسَنَر
Bestimmung, die	القدر	بَشتِمُنْگ
Lebensweise, die	طريقة الحياة	لَبَنْسْوَيْزَ
senil adj.	خَرِفٌ	زَنِيل
mittlere Alter, das	متوسط العمر	مِتْلَرَ أَلْتَرْ
Generation, die	الجيل	گَنَرَسِيُون
altern	شَاخَ	أَلْتَرْن
erben	ورِثَ	أَرْبَن
Erbschaft, die	الميراث	أَرْبْشَفْت
Wechseljahre, die	السن اليأس	وَكسَلْيَارِ
in die Rente gehen	تقاعدَ	إنْ دِي رِنْتَ گَاهَنْ
Rentner, der	المتقاعد	رِنْتْنَر
Rente, die	التقاعُد	رِنْتَ
Pensionär, der	المتقاعد	بَنْزِئيْنِر
in die Pension gehen	تَقَاعَدَ	إنْ دي بَنْزِيُون گَاهَنْ
Senior, der	المُعَمَّر	زَنْيُرْ
Altersdurchschnitt, der	معَدَّل العمر	أَلْتَرْسْدُرشنِت

موت و وفاة

2.3 Sterben und Tod

sterben	مات يموت	شتَرْبَنْ
Beerdigung, die	الجنازة	بَأَرْدِگُنْگ
Grab, das	القبر	گرَاب
beerdigen	دفن	بَأَرْدِگَنْ
begraben	قبر	بَگرَابَن
Leid, das	الأذى	لَيْد
Trauer, die	الحزن	ترَوْوَر
Schmerz, der	الوجع	شمَرْس
sterblich adj.	فَانٌ / هالك	شتَربلِج
Bestattung, die	الدفن	بَشتَتُنْگ
Beileid, das	التَعزية	بَيْلَيْد
Leichnam, der	الجثة	لَيشنَام
Mord, der	القتل	مُرْد
Mörder, der	القاتل	مُرْدَرْ
Grabstein, der	الشواهد	قرَبْشتَيْن
Jenseits, das	الآخرة	يَنْزَيتس
Friedhof, der	المقبرة	فريدْهُوف
Selbstmord, der	الانتحار	زَلبستمُرْد
Totenbett, das	فراش الموت	تُوتَنْبَت
als Märtyrer sterben	شَهِدَ	أَلْس مَرْتُيْرَر شتَرْبَنْ
selbstmord begehen	انْتَحَرَ	زَلْبستمُرد بَگاهَنْ
Lebensende, das	نهاية الحياة	لَابَنسأَنْدَ

KAPITEL 3

DER MENSCHLICHE KÖRPER

أعضاء

3.1 Körperteile

Augenbraue, die	الحاجب	اوگنبرو، دی
Kopfhaar, das	الشعر	کپفهار، دس
Mund, der	الفم	موند، در
Nase, die	الأنف	ناز، دی
Gesicht, das	الوجه	گسیشت، دس
Auge, das	العين	اوگ، دس
Ohr, das	الأذن	أُر، دس
Zunge, die	اللسان	زونگ، دي
Augenlid, das	الجفن	اوگنليد، دس
Lippe, die	الشفة	لِبُّ، دي
Stirn, die	الجبين	شتيرن،
Gehirn, das	الدماغ	گهيرن، دس
Hals, der	العنق	هالس، در
Taille, die	الخصر	تَيلل، دي
Hand, die	اليد	هند، ديگه
Bein, das	الساق	بين، دس
Brust, die	الصدر	بروست،
Zehe, die	إصبع القدم	زه، ديگه
Wimper, die	الرمش	ويمپر، ديگه
Brustwarze, die	الحلمة	بروستورز، ديگه

3.2 Körperteile

Zahn, der	السن	صَان
Finger, der	الإصبع	فِنگَر
Daumen, der	الإبهام	ضَوْمَن
Ellbogen, der	المرفق	أَلبُوگَن
Nagel, der	الظفر	نَاگَل
Arm, der	الذراع	أَرم
Knie, die	الركبة	كنِيْ
Fuß, der	الرجل	فُوس
Bauch, der	البطن	بَوْح
Herz, das	القلب	هَرس
Schultergelenk, das	المفصل الكتفي	شُلتَرگَلَنك
Rücken, der	الظهر	رُكَن
Wirbelsäule, die	العمود الفقاري	وِربَلزُيْلَ
Hüfte, die	الجنب	هُفتَ
Hals, der	العنق	حَلس
Rücken, der	الظهر	رُكَن
Schulter, die	الكتف	شُلتَرَ
Hoden, der	البيضة	هُودَن

3.3 Organe

Knochen, der	العظمة	كنُحِن
Leber, die	الكبد	لَابَر
Niere, die	الكلية	نِيرِ
Arterie, die	الشريان	أَرتَارِئَ
Muskel, der	العضلة	مُسكَل
Organ, das	العضو	أُرقَان
Kopf, der	الرأس	كُبف
Stirnbein, das	العظم الجبهي	شتِرنبَيْن
Darm, der	الأمعاء	دَارم
Körper, der	البدن	كُربَر
Lunge, die	الرئة	لُنگَ
Leib, der	الجسد	لَيْب
Nasenbein, das	العظم الأنفي	نَاسَنبَيْن
Magen, der	المعدة	مَاگَن
Galle, die	الصفراء	قَلَ
Speiseröhre, die	المَرِيء	شبَيْزَرُورِ
Nerv, der	العصب	نَرف

3.4 Sinn und Wahrnehmungen

Sinn, der	الحاسة / الإحساس	زِن
wahrnehmen	أَحَسَّ	وَارنَامَن
Sicht, die	الرؤية / البصر	زِحت
sichtbar adj.	منظور	زِحتبَر
Geräusch, das	الضوضاء	گَرُيْش
Laut, der	الصوت	لَوْت
Klang, der	النغمة	كلَنگ
klingen	رَنَّ	كلِنگَن
Ton, der	اللهجة	تُون
Stimme, die	الصوت	شتِمَّ
Appetit, der	الشهية	أَبَتِيت
ruhig adj.	ساكن	رُهِگ
Geruch, der	الريحة	گَرُح
Wohlgeruch, der	العبق	وُولگَرُح
sehen	نَظَرَ / رَأَى	سَاهَن
Parfüm, das	العِطْر	بَرفُوم
schmecken	ذَاقَ	شمَكَن
Geschmack, der	الذَوْق	گَشمَك
probieren	جَرَّبَ	برُبِيرِن
Lärm, der	الضوضاء	لَرم
lärmen	فَرْقَعَ	لَرمَن

أنسجة و خلايا

3.5 Gewebe und Zellen

Gewebe, das	النسيج	گَوَابَ
Blutdruck, der	ضَغْطُ الدم	بلُوتدرُك
Blutgefäß, das	الوعاء الدموي	بلُوتگَفِس
Haut, die	الجلد	هَوت
Blutzucker, der	سكر الدم	بلُوتسُكَر
Nabel, der	السرة	نَابَل
Zelle, die	الخلية	زَلَ
Biorhythmus, der	الإيقاع الحيوي	بِيُرِتمُس
Genetik, die	علم الوراثة	گَنَتِك
Hormon, das	الهرمون	هُرمُون
Immunsystem, das	الجهاز المناعي	إمُونسِستِم
Samen, der	المني	سَامَن
Speichel, die	الريق	شبَيْهَل
Nerv, der	العصب	نَرف
Blut, das	الدم	بلُوت

KAPITEL 4

BEZIEHUNG UND GESELLSCHAFT

4.1 Familie

Mutter, die	الأم	دِي ،مُتَّى
Sohn, der	الابن	دِر، سُون
Tochter, die	البنت	دِي تُختَرْ
Vater, der	الأب	دِرْ فَاتِر
Eltern, die	الاوالدان	دِي إلتِرْن
Bruder, der	الأخ	دِر بُرُدى
Schwester, die	الأخت	دِي, سِجوِسْتَر
Geschwister, die	الإخوة	دِي, كِسْجَوِستر
Opa, der	الجد	دِر أُبا
Oma, die	الجدة	دِر أُما
Großeltern, die	الجدان	دِي, كُرُسأَلْتَرْن
Säugling, das	الرضيع	دَس,سُيْكِلينك
Enkel, der/ Enkelin, die	الحفيد/الحفيدة	دِر ،إنكل دِي,إنْكَلِينْ
Verwandte, die	ذو القربى	دِي,فِرْوَنْدتِ
Neffe, der	ابن	دِر,نفُّ
Nichte, die	بنت الأخ / بنت الأخت	دِي, نِيشتَ
Cousin, der (mütterlicherseits)	ابن الخال / ابن الخالة	دِر, كُوزَنْ
Cousine, die (mütterlicherseits)	بنت الخال / بنت الخالة	دِي,كُوسِينُ
Stamm, der	القبيلة	دِر,شتَمْ
Tante, die (mütterlicherseits)	الخالة	دِي,تَانْته
Tante, die (väterlicherseits)	العمة	دِي,تَانته
Schwiegermutter, die	الحماة	دِي,شِجويكَرْمُوتَرْ
Schwiegervater, der	الحم	دِر,شِجويكَرْفَتَرْ
Cousin, der (väterlicherseits)	ابن العم / ابن العمة	دِر, كُوزَن

4.2 Partnerschaft und Ehe

verlieben	وقع في حبها	فَرْلِيبَنْ
heiraten	تَزَوَّجَ	هَيْرَتَنْ
Hochzeit, die	زفاف	دِي,هُخْزَيْت
Ehevertrag, der	النكاح	دِر، إِهَ فَرْتَرَكْ
Trauung, die	عقد القِران	دِي، تَرَوُنْك
Ehemann, der	الزوج	دِر،إِهِمَن
Ehefrau, die	الزوجة	دِي,إِهِيفَرَوْ
Bräutigam, der	العريس	دِر، بُرُيْتِيگم
Braut, die	العروس	دِي، بَرَوْت
Gattin, die	الزوجة	دِي,گَتِين
Beziehung, die	العلاقة	دِي,بزِيُونْك
Trennung, die	الفصل	دِي,تَرَنَّونْك
Verlobung, die	الخِطبة	دِي,فَرْلُوبُونْك
Flitterwochen, die	شهر العسل	دِي,فِلِيتِرْفُخُن
Witwe, die	الأرمَلة	دِي,وِيتْوَرْ
Verlobungsring, der	خاتم الخِطبة	دِر،فَرْلُبُونْكْسْرِينْك
Geliebte, die	العشيقة	دِي,كَلِيبْتَ
Scheidung, die	الطلاق	دِي,شَيْدُونْك
Brautgabe, die	المهر	دِي,بَرَوْتكَاب
Trauzeuge, der	الشَبين	دِر,تَرَوْزُيْك
Schamgefühl, das	الحيى	شَامْكِفُول

4.3 Freundschaft

Freundschaft, die	الصَداقة	دِي,فِرُونْدشَفْت
versprechen	وَعَدَ	فَرْشِبَرِخن
kennenlernen	تَعَرَّفَ	كنّنلَرْنِنْ
Nachbar, der	الجار	دِر،نَخْبَرْ
Bekannte, der	أحد المعارف	دِر،بِكَنْتِ
Solidarität, die	التضامن	دِي,سُلِدَرِدِتْ
Hilfe, die	المساعدة	دِي,هِيلْفِه
Respekt, der	الاحترام	دِر،رِسْبَكْت
Vertrauen, das	الثِقَة	دَسْ، فَرْتَرَوَن
Gespräch, das	الحديث	دَسْ،گِشْبِرِيخْ
Unterhaltung, die	المحادثة	دِي, أُونْتَرْهَلْتُونگ
Leute, die	الناس	دِي, لُيْتِ
Ehrlichkeit, die	الصدق	دِي,إِرْلِيشْكَيْت
schätzen	قَدَّرَ	شَتْزِنْ
vertrauen	وَثِقَ	فَرْتَرَوِنْ
treffen	لَقِيَ	تَرَفَّنْ
verabreden	تَوَاعَدَ	فَرْأَبْرِدِنْ
Zusammenarbeit, die	التَعَاون	دِي,زُسمَّنْأُرْبَيْت
freundschaftlich adj.	وُدِيٌّ	فُرُونْدشَفْتَليشْ
Kontakt, der	الاتصال	دِر،كُنْتَاكْت
Verhältnis, das	العلاقة	دَسْ، فَرْهِلْتِنِس
Konflikt, der	النِزاع	دِر، كُنْفِليكْت

4.4 Soziale Kontakte

begleiten	رَافَقَ	بِگلَيْتِنْ
plaudern	دَرْدَشَ	بَلَوْدِرْن
Geschwätz, das / Plauderei, die	الثرثرة	گشوَتس / بلَودَرَيْ
Einheit, die	الوحدة	دِي, أيْنهَيْت
Brüderlichkeit, die	الأُخْوَة	دِي,بُرُودَرْلِيشْكَيْت
Verbindung, die	الصلة / الارتباط	دِي,فَرْبِنْدُونْگ
einen Gefallen tun	صَنَعَ معه معروفًا	أينًا گفلَّنْ تُونْ
amüsieren	سَلَّى	دِر,أَمُوسِيرِن
Spaß, der	المُتْعَة	دِر, شَبَسْ
verteidigen	دَافَعَ عن	فَرْتَيْدِيگن
Geheimnis, das	السر	دَسْ، گهَيمِنِيسْ
genießen	اسْتَمْتَعَ	گِنِيسَّنْ
Spannung, die	التَشْوِيق	دِي, شبنَّونْگ
verlassen	تَرَكَ	فَرْلَسَّنْ
Freizeit, die	أوْقات الفراغ	دِي, فَرِيزَيْت
förmlich adj.	رسميٌّ	فِرْمِلِيش
gewöhnen	عَوَّدَ	گِونِنْ
sich blicken lassen	حَضَرَ	سِيشْ بلِكَّنْ لاَسَّنْ
leihen	أَعَارَ	لَيهِنْ
empfehlen	أَوْصَى	إِمْفلِنْ
ungezwungen adj.	غير مجبر	أُونْگزُفُنْگُنْ
spontan adj.	عَفْوِيٌّ	شُبُنْتَنْ
verwitwet	أرْمَل	فَرْفِتوتْ

KAPITEL 5

PYSCHE
GEIST
UND
VERHALTEN

5.1 Gefühlswelten

misstrauen	شَكَّ	مِسْتَرَوْوَنْ
Misstrauen, das	الشَكّ	مِسْتَرَوْوَنْ
anständig adj.	مُؤَدَّب / محترَم	أَنْشتَنْدِگ
scharf adj.	بَصير	شَرْف
begeistern adj.	حَمَّسَ	بَگيستَرْن
ernst adj.	جِدِّيٌّ	أَرْنست
beneiden	حَسَدَ	بَنَيْدَنْ
mitfühlen	تَعَاطَفَ	مِتْفُولِنْ
ehrlich adj.	أمين / صريح	آرْلِخ
bedenken	فَكَّرَ	بَدَنْكَنْ
Haltung, die	الموقِف	حَلْتُنْگ
Gefühl, das	الشعور	گَفُول
Erregung, die	الإثارة	أَرَاگُنْگ
emotional adj.	عاطِفِيٌّ	أَمُسِئُنَال
spannend adj.	شَيِّق	شبَنَّند
Bedürfnis, das	الحاجة	بَدُرْفْنِس
Verdacht, der	الشُبهة	فرْضَخْت
gefühllos adj.	عديم الإحساس	گَفُولسلُوس
gleichgültig adj.	لا مُبال	گلَيْخگُلْتِگ
desinteressiert adj.	غير مُهْتَمّ	دَسْإِنْتَرِسيئَرْت
Empfindung, die	الإحساس	أَمْفِنْدُنگ
Bedarf, der	الحاجة	بَضَرف

5.2 Negative Gefühle

Horror, der	الرعب	حُرُر
entsetzt adj.	مُرَوَّعٌ	أَنتزَتست
bestürzen	ذَهَلَ	بَشْتُرْسَن
traurig adj.	حَزين	ترَوْرِگ
schreien	صَرَخَ	شرَيْأَن
verrückt adj.	مَجْنون	فَرُّوكت
Stigma, das		شتِگْمَ
vermissen	افْتَقَدَ	فَرْمِسَّن
Reue, die	الندم	رُيْئَ
schämen	اسْتَحْيَا	شَامَن
Schande, die	العار	شَنْدَ
enttäuschen	خَيَّبَ ظنّه	أَنْتُيْشَن
leidtun	تَأَسَّفَ	لَيْدْتُون
Kummer, der	الغم	كُمَر
fürchten	خَافَ	فُرْختَن
verzweifelt adj.	يائس	فَرْسِوَيْفَلْت
Hilflosigkeit, die	العجز	هِلفسلُوسِگْكَيْت
beunruhigen	أَقْلَقَ	بَئُنْرُهِگَن
erschüttern	هَزَّ / زَعْزَعَ	أَرْشُتَّرن
Neid	الحسد	نَيْد
Verzweiflung, die	اليأس	فَرْسِوَيْفلُنگ
besorgt sein	قَلِقَ	بَسُرْگت سَيْن

5.3 Positive Gefühle

Freude, die	الأصدقاء	فريدَ
bevorzugen	فَضَّلَ	بَفُورْسُوگَن
bewundern	عَجِبَ	بَوُنْدَرْن
gernhaben	أَحَبَّ	گَرْنحَابَن
froh adj.	مسرور	فرُوه
genießen	اسْتَمْتَعَ	گنيسَن
lächeln	ابْتَسَمَ	لَحِلن
lieben	أَحَبَّ	لِيبَن
mögen	أَحَبَّ	مُوگَنْ
nett adj.	مليح / لطيف	نَت
faszinieren	فَتَنَ	فَسِّنيرِن
Genuss, der	اللذّة	گَنُس
stolz sein	افْتَخَرَ	شتُلْس سَيْن
mit erhobenem Haupt	مَشَى الخُيَلاء	مِت أَرْهُوبَنَم هَوْبت
zufrieden adj.	رَاضٍ	سُفرِيدَن
Vorfreude, die	سرور التطلع	فُورفرُيْدَ
faszinieren	فَتَنَ	فَسِّنيرِن
Genuss, der	متعة	گَنُس
zufrieden sein	راض	سُفرِيدَن سَيْن

5.4 Denken und Gedanken

achten	احْتَرَمَ	أَحْتَن
denken	فَكَّرَ	دَنْكَن
Erinnerung, die	الذكرى	أَرْئِنَّرُگ
In Erinnerung rufen	استرجاع	إن أَرْئِنَّرُگ رُوفَن
vergessen	نَسِيَ	فَرْگَسَّن
scheinen	أَضَاءَ	شَيْنَن
glauben	ظَنَّ / اعْتَقَدَ	گلَوْبَن
hoffen	أَمَلَ	هُفَّن
vermuten	خَمَّنَ	فَرْمُوتَن
wahrscheinlich adj.	مُحتمَل	وَرْشَيْنلِح
möglich adj.	مْمكِن	مُگْلِحْكَيْت
unmöglich adj.	مستحيل	أُنْمُگْلِح
vielleicht	رُبَّمَا	فِلَّيَحْت
Eindruck, der	الانْطِبَاع	أَيْندُرُگ
erwarten	تَوَقَّعَ	أَرْوَرْتَن
erkennen	عَرَفَ	أَرْكَنَّن
wiederkennen	تَعَرَّفَ	وِيدَرْأَرْكَنَّن
Anschein, der	الظاهر	أَنْشَيْن
überlegen	تَدَبَّرَ	أُوبَرْلَاگَن
beachten	انْتَبَهَ	بَأَحْتَن
Einbildung, die	التخيُّل	أَيْنبِلْدُنگ
aufgeben	اسْتَسْلَمَ	أَوْفگَابَن
besorgt	قَلِقٌ	بزُوگْت

5.5 Fähigkeiten und Fertigkeit

fähig adj.	قدير	فَاهِگ
kompetent adj.	كفء	كُمبَتَنْت
unfähig adj.	غير قادر	أُنفاهِگ
begabt adj.	موهوب	بَقابت
Anstrengung, die	الجَهْد	أنشترنگُنْگ
Bemühung, die	الجُهْد	بَمُوهُنگ
zielen	صَوَّبَ	سِيلَن
Leistung, die	الأداء	لَيْستُنگ
Errungenschaft, die	المَكسَب	أَرُّنْگَنْشَفت
fortschreiten	تَقَدَّمَ	فُرْتشتَرَيْتَن
bemühen	جَهَدَ	بَمُوهَن
erreichen	بَلَغَ	أَرَّيحَن
motivieren	حَفزَ	مُوتِوِيرِن
aktivieren	فَعَّلَ	أَكْتِوِيرِن
Entgegnung, die	الرد	أنتگاگْنُنْگ
entwerfen	صَمَّمَ	أَنْتوَرْفَن
gehobenes Haupt	مرفوع رأس	گَهُوبَنَس هَوْبت
aktivieren	تفعيل	أَكتِوِيرِن
Entgegnung, die	اعتراض	أنتگاگُنُنگ
entwerfen	تصميم	أَنتوَرفَن

5.6 Glaube und Religion

Denken	التفكير	دَنكَن
denken	فَكَّرَ	دَنكَن
Mullah, der	الـمُلَّة	مُلَّه
Schicksal, das	القدر	شِكْزال
Sünde, die	الإثم	زُنْدَ
Quran, der	القرآن	كُرَان
Mekka	مكة	مَكَّه
Minarett, das	المنارة	مِنَرِت
Ramadan, der	الرمضان	رَمَضَن
Pilgerfahrt / Wallfahrt, die	الحج	بِلْگَرْفَارْت / وَلْفَارت
Seele, die	الروح	زَالَ
Hölle, die	جهنم	هُلَّ
Paradies, das	جنة	بَرَدِيس
Engel, der	الملك	أَنگَل
Prophet, der	النبي	برُوفَات
Teufel, der	الشيطان	تَيْفَل
Gebet, das	الصلاة	گَبَات
fasten	صَامَ	فَسْتَن
beten	صَلَّى	بَاتَن
Moschee, die	المسجد	مُشَا
Rosenkranz, der	الوردية	رُوزَنْكرَنس
Rosenkranz, der	الوردية	رُوزَنْكرَنس

5.7 Philosophie

unbewusst adj.	غير واع	أُنْبَوُست
vorhersehen	تَوَقَّع	فُرْهَرْزَاهَن
Sinn, der	الحاسَّة	زِنْ
Unsinn, der	الهُرَاء	أُنْزِن
Wahrheit, die	الحقيقة	وَرْهَيْت
Wirklichkeit, die	الواقع	وِرْكلِحْكَيْت
vorstellen	تَصَوَّر	فُرْشتَلَّن
Vorstellung, die	التصوُّر	فُرْشتَلُّنگ
bewusst adj.	واعٍ	بَوُسْت
Verstand, der	العقل	فَرْشطَنض
Vernunft, die	الرشد	فَرْنُنفْت
vernünftig adj.	راشد	فَرْنُنفْتِگ
Grund, der	السبب	گرُند
Motiv, das	الدافع	مُتِيف
Verständnis, das	الفهم	فَرْشتَنْدِنِس
Zufall, der	الصُدْفة	سُوفَل
berücksichtigen	رَاعَى	بَرُكْزِحْتِگَن
Wahl, die	التخيير	وَال
Möglichkeit, die	الإمكانية	مَكْلِحْكَيْت
Option, die	الخيار	أُبْسِؤُون
Einschätzung, die	التقدير	أَيْنشَتسُنگ
Annahme, die	الفرض	أَنَّامَ
Vermutung, die	الظن	فَرْمُوتُنگ

KAPITEL 6

AKTIVITÄTEN UND HANDLUNGEN

6.1 Aktivitäten und Handlungen

bemühen	جَهَدَ	بِمُوهِن
Tätigkeit, die	النشاط	تِتِيكْكَيْت
fortsetzen	وَاصَلَ	فُرْزَتْزَن
weitermachen	اسْتَمَرَّ	فَيْتَرمَخِن
angewiesen	مُعْتَمَد	أَنْكِفِسن
zustimmen	وَافَقَ	زُشْتِيمَّنْ
gutheißen	اسْتَحْسَنَ	كُوتْهَيْسَن
erhellen	أَضَاءَ	أَرْهِلَّنْ
Schuld, die	الذنب	شُلْد
unbegabt adj.	غير موهوب	أُنْبِكَبْت
organisieren	نَظَّمَ	أُرْكَنِسِرنْ
planen	خَطَّطَ	بَلَنِنْ
Plan, der	الخِطَّة	بَلَنْ
annehmen	قَبِلَ	أَنَّمِنْ
handeln	تَاجَرَ	هَنْدِلْن
bewirken	أَحْدَثَ	بِورْكِنْ
verhandeln	فَاوَضَ	فرْهَنْدِلْن
unternehmen	قَامَ	أُنْتَرْنِمِنْ
bewegen	حَرَّكَ	بِويكِنْ
wagen	جَرُؤَ	وَكِنْ
begleiten	رَافَقَ	بِكْلَيْتِنْ

6.2 Handlungen und Aktionen

Umgang, der	التعامُل	أُمْكَنْك
handeln	فَعَلَ	هَنْدِلْن
benutzen	اسْتَعْمَلَ	بِنُتْزِنْ
verwenden	اسْتَخْدَمَ	فَرْوِنْدِنْ
einschreiten	تَدَخَّلَ	أَيْنشَرَيْتِنْ
Zu Ende bringen	أَنْهَى	زْ أَنْدِ بِرِنكِنْ
Lage, die (Stimmung)	الحالة	لَكِ
Situation, die	الوضع	زِتُوَتِيُن
verändern	غَيَّرَ	فَرْأَنْدِرْن
verbinden	رَبَطَ	فَرْبِنْدِنْ
Maßnahme, die	الإجراء	مَسْنَمِ
bereit adj.	جاهز	بِرَيْت
anstrengen	جَهَدَ	أَنْشَرِنْكِنْ
zusagen	وَعَدَ	زُسَكِنْ
vorbereiten	أَعَدَّ	فرْبِرَيْتِنِ
Vorbereitung, die	الإعداد	فُرْبِرَيْتُنْك
Zweck, der	الغرض	زِوَكْ
vollkommen adj.	كامل	فُلْكُمَّنْ
Gelegenheit, die	الفرصة	كِلِكِنْهَيْت
Ziel, das	الهدف	زِلْ
verfügen	مَلَكَ	فَرفُكِن

6.3 Diskussion und Austausch

Meinung, die	الرأي	مَيْنُنْك
Absicht, die	النية	أَبْسِشْت
Argument, das	الحجة	أركُمَنْت
Ratschlag, der	النصيحة	رَتْشَلَكْ
Grund, der	السبب	كُرُنْد
Überzeugung, die	الإقتناع	أُبَرْزُيْكُنْك
argumentieren	تَحاجَّ	أَرْكُمَنْتِرِن
erklären	شَرَحَ	أَرْكلِرِنْ
schildern	وَصَفَ	شِلْدَرْن
darlegen	عَرَضَ	دَرلِكِن
vorschlagen	اقْتَرَحَ	فُرْشَلَكِن
Einigung, die	الإتفاق	أَيْنِكُنْك
Einsicht, die	الإطلاع	أَيْنسِشْت
Beispiel, das	المثال	بَيْشِبِل
dulden	سَمَحَ	دُلْدِن
Entscheidung überlassen	ترك قرار	إِنْتشَيْدُنْك أُبَرلَسَّن
richtig adj.	صحيح	رِشْتِكْ
offensichtlich adj.	بوضوح	أُفُّنسِشْتِلِش
kritisieren	نَقَدَ	كِرتِسِرَنْ
transparent adj.	شَفَّاف	تَرَنْسبَرَنْت
verständlich adj.	مفهوم	فَرْشَتَنْدّلِش
Empathie, die	التقمص العاطفي	أَمْبَتِ

6.4 Informieren und Wissen

Klartext, der	الوضوح	كَلَرْتَكْس
unterstellen	نَسَبَ(ه) زورا	أُنْتَرْشِتِلَّنْ
vorwerfen	عاتَبَ	فُرْفَرْفِنْ
betreffen	خصَّ	بِتَرِفّنْ
Standpunkt, der	وجهة النظر	شَتَندبُنْكت
Vorteil, der	الفائدة	فُرتَيْل
Sorte, die	النوع	سُرْتِ
Weise, die	الأسلوب	وَيْزِ
Problem, das	المشكلة	بْرُبْلِمْ
Entscheidung, die	القرار	إنْشَيْدُنْك
Lösungsweg, der	طريقة الحل	لُسُكسوِكْ
eingestehen	اعْتَرَفَ	أَيْنكِشتِنِ
Irrtum, der	الخطأ	إرْتُم
Fehler, der	الغلط	فِلَ
Art und Weise, die	الأسلوب	أرْت أُند وَيْزِ
Fakt, der + das	الحقيقة	فَكْت
Gegenteil, das	الضد	كِكَنتَيْل
Information, die	المعلومة	إنْفُرمَتسِيُون
informieren	أَعْلَمَ	إنْفُرْمِرنْ
einen Fehler begehen	ارْتَكَبَ	أيْنِنْ فِلَ بِكِن
vermeiden	تَجَنَّبَ	فَرْمَيْدِن
konkretisieren	خَصَّصَ	كُنْكرِتسِرن

6.5 Streit und Auseinandersetzung

Streit, der	البزاع	شَتَرَيْت
Wut, die	الغيظ	وُتْ
ungerecht adj.	ظالم	أُنكِرَشْت
unfair adj.	غير عادل	أُنفِرْ
zornig adj.	غاضب	زُرْنِك
loben	أَثْنَى / مَدَحَ	لُبِنْ
beschweren	اشْتَكَى	بِشْوِرِن
beklagen	شَكَا	بِكْلَكِن
protestieren	احْتَجَّ / اعْتَرَضَ	بْرُتَسْتِرن
Mahnung, die	الإنْذار	مَنُنْك
drohen	هَدَّدَ	دُرهَنْ
ablehnen	رَفَضَ	أَبْلِنَنْ
verraten	خَانَ	فَرَّتِنْ
Ausrede, die	العذر	أوْسرِدَ
Achtgeben	انْتَبَهَ	أَخْتكِبَنْ
unterbrechen	قَطَعَ	أُنْتبرَشِنْ
anweisen	أَمَرَ	أَنْوَيْسِنْ
befragen	سَأَلَ	بِفَرَكِنْ
beteuern	أَكَّدَ	بِتُيَنْ
erfinden	اخْتَرَعَ	أَرْفِنْدَنْ
hinweisen	دَلَّ / أَشَارَ	هِنْوَيْسِن
beleidigen	سَاءَ	بِلَيْدِكِن
beantragen	طَلَبَ	بِأنترَكَن

6.6 Allgemeine Tätigkeiten

Manier, die	الأدب	مَنِيَ
verhalten,	تَصرَّف	فَرْهَلْتِن
Verhalten, das	التصرُّف	فَرْهَلْتِن
entscheiden	قَرَّر	أَنْتشَيْدِنْ
kaputt machen	كَسَرَ	كَبُت مَخِنْ
warten	انْتَظَرَ	وَرْتِنْ
einschätzen	قَدَّرَ	أَيْنشَتْزِن
abwägen	(وَازَنَ (بين	أَبْوِكَن
bemerken	لَاحَظَ	بِمَرْكِن
schlussfolgern	اسْتَنْتَجَ	شْلُسْفُلْكَرْن
sehen	رَأَى / شَافَ	زِهَن
anschauen	نَظَرَ إلى	أَنْشَوَن
Erstaunen, das	الدهشة	أَرْشَتَوْنِنْ
erstaunen	دَهِشَ	أَرْشَتَوْنِنْ
benötigen	احْتَاجَ	بِنِتِكَن
mitnehmen	أَخَذَ معه	مِتْنِمَنْ
sammeln	جَمَعَ	سَمَّلْن
probieren	جَرَّبَ	بْرُبِرِن
genügen	كَفَى	كِنُكِن
wechseln	غَيَّرَ	وَكْسِلْن
ersetzen	اسْتَبْدَلَ	أَرسَتْزِنْ
Bescheid geben	أَخْبَرَ	بِشَيْد كِبَنْ
Stärke	القوة	شتَرْكِ

6.7 Einstellungen

Ego, das	الأنا	إِكُ
Egoismus	الأنانية	إِكُوسْمُسْ
egoistisch	أَنَانيٌّ	إِكُوسْتِشْ
Defätismus, der	الإنهزامية	دِفِتِسْمُسْ
Lösung, die	الحل	لُسُنْك
Horizont, der	الأفق	هُرِزُنْت
Gewohnheit, die	العادة	كِفُنهَيْت
Laune, die	المِزاج	لَوْنِ
Eigenschaft, die	الوصف / الصفة	أيكنشَفْت
Skepsis, die	الشكوك	سكَبْسِسْ
Geschicklichkeit, die	المهارة	كِشِكْلِشْكَيْت
doppelgesichtig adj.	ذو وجهين	دُبُّلكسِشْتِشْ
optimistisch sein adj.	تفاؤليٌّ	أُبْتِمِسْتِشْ
Gedächtnis, das	الذاكرة	كِدَشْتنِس
logisch adj.	منطقيٌّ	لُكِشْ
Logik, die	المنطق	لُكِكْ
realistisch adj.	واقعيٌّ	رِيَلِسْتِشْ
Elan, der	النشاط	إلَنْ
Kraft, die	القوة	كَرَفْت
Erwartung, die	التوقُّع	أرْوَتُنْك

6.8 Erlauben und Verbieten

wünschen	تَمَنَّى	وُنْشَن
Anspruch, der	المطالبة / الإدِّعاء	أنشبْرُخْ
wollen	أَرَادَ / شَاءَ	وُلَّنْ
verlangen	طَلَبَ	فرْلَنْكِنْ
erwarten	تَوَقَّعَ	أروَتَن
garantieren	ضَمِنَ	كَرَنْتِرَن
bitten	رَجَا	بِتَّنْ
erlauben	سَمَحَ	أرْلَوْبِنْ
verhindern	مَنَعَ	فَرْهِنْدَرْن
empfehlen	أَوْصَى	أمفِلِن
gehorchen	أَطَاعَ	كِهُرْشَن
folgen	تَبِعَ	فُلْكَنْ
ausführen	نَفَّذَ	أوْسفُرَنْ
befehlen	أَمَرَ	بِفِلِنْ
Erlaubnis, die	السماح / الإذن	أرْلوْبِنِسْ
Pflicht, die	الواجب	بِفلِشْت
Gebot, das	الأمر	كِبُت
Verbot, das	النهي	فَرْبُت
aushalten	احْتَمَلَ	أوسهَلْتَن
Befehl, der	الأمر	بِفِلْ

KAPITEL 7

BILDUNGSWESEN UND ERZIEHUNG

7.1 Bildung Allgemein

Schulpflicht, die	تعليم إلزامي	شُولفلِشت،دي
Bildung, die	الثقافة	بِلدُنْگ،دي
Berufsausbildung, die	تدريب مهني	بَرُوفسأَوْسبِلدُنگ
öffentliche Schule, die	المدرسة الحكومية	أُفَنتلِش شُولَ
Privatschule, die	المدرسة الخاصة	برِوَاتشُولَ
ausbilden	دَرَّبَ	أَوْسبِلدَن
erziehen	رَبَّى	أَرسِيهَن
Didaktik, die	علم التعليم	دِدَكتِك
Bildungspolitik, die	سياسة التعليم	بِلدُنگسبُلِتِيك
praktisch adj.	عمليٌّ	برَكتِش
Selbstdisziplin, die	الانضباط الذاتي	سَلبستدِسِّبلِين
Eignung, die	لياقة	أَيْگنُنگ
Disziplin, die	انضباط	دِسِّبلِين
Bildungsministerium, das	وزارة التربية والتعليم	بِلدُنگسمِنِستَارِئُم
Konzept, das	مفهوم	كُنسَبت
Thema, das	موضوع	تِيمَ
Studiengebühren, die	رسوم التعليم	شتُودِئَنگَبُورِن
religiöse Schule, die	المدرسة الدينية	رِلِگِيوز شُولَ
Akademie, die	معهد	أَكَدَمِيْ
Grad, der	درجة	گرَاد
Dienstgrad, der	مرتبة	دِينستگرَاد
Niveau, das	مستوى	نِوُو
Kulturministerium, das	وزارة الثقافة	كُلتُورمِنِستَارِئُم

7.2 Lehren, Lernen und verstehen

vertiefen	تعمق	فرتيفن
auswendig lernen	حفظ	أوْسوَندِگ لَرنَن
erklären	شَرَحَ	أركلارِن
verstehen	فَهِمَ	فَرشتاهَن
Aufmerksamkeit, die	انتباه	أوْفمَركسَمكَيْت
teilnehmen	شَارَكَ	تَيْلنِمن
rechnen	حَسَبَ	رشنِن
Kenntnis, die	المعرفة	كَنتنِس
diktieren	أَمْلَى	دِكتِيرِن
strikt, streng adj.	بَاتٌّ / صَارم	شترِكت
Ausbildung, die	تدريب	أوْسبِلدُنگ
erläutern	شَرَحَ	أرلُيْتَرن
Eifer, die	همّة	أيْفَ
durchfallen	رَسَبَ	دُرشفَلَن
verbessern	صَحَّحَ	فربَسَرن
Absage bekommen	تَلَقَّى الرفض	أبصاگَ بَكُمَن
Aufmerksamkeit erregen	جَذَبَ الانتباه	أوْفمَركَصامكَيْت أرِيگَن
Gedicht lernen	تَعَلَّمَ قصيدة	گَدِشت لَرنَن
Vokabel lernen	تَعَلَّمَ مفردات الكلمات	وُكَابَل لَرنَن
etwas verbessern	صَحَّحَ شيء	أتوَس فَربَسَرن
Hausaufgabe, die	الواجب المنزلي	هَوْسأوْفقَابَ
versetzt werden	تَرَفَّعَ	فَرسَتست وَاردَن

7.3 In der Schule

Klasse, die	فصل	كلَس
Füller, der	قلم حبر	فُلِر
Bleistift, der	قلم رصاص	بلَيْشتِفت
Tafel, die	سبورة / لوحة	طَافَل
Kreide, die	طباشير	كرَيْدَ
Stuhl, der	كرسيّ	شتُول
Schwamm, der	إسفنج	شوَم
Zirkel, der	فرجار	سِركَل
Aufsatz, der	موضوع إنشائيّ	أَوْفصَتس
Prüfung, die	امتحان	برُوفُنگ
Heft, das	دفتر	هَفت
Seite, die	صفحة	زَيْتَ
Lineal, das	مسطرة	لِنيَال
Stift, der	قلم	شتِفت
Stunde, die	درس	شتُندَ
Notiz, die	مذكرة	نُتيتس
Lehrer, der	مدرس	لِرَ
radieren	مَحَا	رَدِيرن
Tasche, die	حديقة	تَشِ
anwesend adj.	حاضر	أَنوِيزَند
abwesend, adj.	غائب	أَبوِيزَند

7.4 In der Klasse

Übung, die	تمرين	أُوبُنگ
Lehrplan, der	منهج التعليم	لَاربلَان
Grundschule, die	المدرسة الابتدائية	گرُندشُولَ
sitzen bleiben	رَسَبَ	سِتسَن بلَيبَن
Schüler, der	طالب / تلميذ	شُولِر
Stufe, die	درجة	شتُوفَ
Vorschule, die	مدرسة الحضانة	فُرشُولَ
Jahrgang, der	سنة	يَارقَنگ
Schulleiter, der	مدير	شُولَّيْتَر
Lehrbuch, das	كتاب تعليميّ	لَاربُوح
Klassenlehrer, der	مدرس الفصل	كلَسَنلِرَ
Unterrichtstunde, die	درس	أُنتَرِشتسشتُندَ
anwesend sein	حَضَرَ	أَنوَازَند زَيْن
Buchstabe, der	حرف	بُوخشطَابَ
Mitschüler, der	زميل بالمدرسة	مِتشُولِر
spicken	نَقَلَ	شبِكَن
Lektion, die	درس	لَكسِيون
sich konzentrieren	رَكَّزَ	زِه كُنسَنترِيرن
Gebäude, das	مبنى	گَبُيْدَ
Konzentration, die	تركيز	كُنسَنترَسِئُون

7.5 Schulfächer

Fach, das	مادة	فَخ
Mathematik, die	الرياضيات	مَتَمَتِيك
Technik, die	تقنية	تَشنِك
Geschichte, die	تاريخ	گَشِشتَ
Sport, der	رياضة	شبُورت
Religion, die	دين	رِلِگيون
Soziollogie, die	علم الاجتماع	زُسِيُلُگِيْ
Physik, die	علم الطبيعة / فيزياء	فِزِيك
Zeichnen, das	رسم	زيْشنَن
Aufgabe, die	واجب	أَوْفقَابَ
Sprache, die	لغة	شبرَاخُ
Fremdsprache, die	لغة أجنبية	فرِمدشبرَاخُ
Dari	الضاري	دَارِ
Paschto	اللغة البشتوية	بَشتُ
Russisch	اللغة الروسية	رُسِش
Deutsch	اللغة الألمانية	دُيْتش
Französisch	اللغة الفرنسية	فرَنزُوزِش
Hindi	اللغة الهندية	هِندِ
Politik, die	سياسة	بُلِتيك
Chemie, die	كيمياء	شَمِيْ

الدراسة

7.6 Studium

Technische Hochschule, die	مدرسة عليا	تَهنِش حُوهشُولَ
Universität, die	جامعة	أُنِوَرزِتَات
Fakultät, die	كلية	فَكُلتَات
Student, der	طالب	شتُدَنت
Stipendium, das	منحة دراسية	شتِبَندِئُم
Institut, das	معهد	إنستِتُوت
Abendschule, die	المدرسة المسائية	آبَندشُولَ
Zulassung, die	ترخيص	سُلَسُنگ
Ablehnung, die	رفض	أَبلَانُنگ
bewerben	تَقَدَّمَ / رَشَّحَ نفسه	بَوربَن
Auslandstudium, das	دراسة في الخارج	أَوْسلَندشتُودِئُم
Professor, der	أستاذ	برُفَسُر
Einschreibung, die	تسجيل	أَيْنشرَيْبُنگ
Seminar, das	ندوة	زَمِنَار
Abschluss, der	اكتمال	أَبشلُس
Doktorabschluss	دكتوراه	دُكتُرأَبشلُس
Kurs, der	دورة	كُورس
Anleitung, die	توجيهات	أَنلَيْتُنگ
argumentieren	تَجَادَلَ	أَرگُمَنتِيرِن
Wissenschaft(en), die	العلوم	وِسَنشَفت(َن)
Fachausbildung, die	تدريب	فَحأَوْسبِلدُنگ

7.7 Studiengänge

Literatur, die	أدب	لِتَرَتُور
Lehramt, das	التعليمية	لَارأَمت
Psychologie, die	علم النفس	سِحُلُكِيْ
Rechtswissenschaft(en), die	الفقه	رِحتسوِسَنشَفت(َن)
Sozialwissenschaft(en), die	العلوم الإنسانية	زُسِئَالوِسَنشَفت(َن)
Pädagogik, die	علم التربية	بَدَگُوكِك
Informatik, die	المعلوماتية	إنفُرمَاتِك
Medizin, die	الطب	مَدِسِين
Ingenieurwesen, das	الهندسة	إنجَنئُيْروَازَن
Architektur, die	هندسة معمارية	أَرحِتَكتُور
Philosophie, die	الفلسفة	فِلُزُفِيْ
Landwirtschaft, die	مزرعة	لَندوِرتشَفت
Journalistik, die	صحافة	جُرنَلِستِك
Elektrotechnik, die	هندسة كهربائية	أَلَكترُتَهنِك
Politikwissenschaft(en), die	العلوم السياسية	بُلِتيكوِسَنشَفت(َن)
Kommunikationswissenschaft(en), die	علوم الاتصال	كُمُنِكَسِئُونوِسَنشَفت(َن)
Islamwissenschaft(en), die	الدراسات الإسلامية	إسلَاموِسَنشَفت(َن)
Archäologie, die	علم الآثار	أَرهَئُلُكِيْ
Volkswirtschaft, die	الاقتصاد الوطني	فُلكسوِرتشَفت
Pharmazie, die	الصيدلة	فَرمَسِيْ

KAPITEL 8

STAAT GESELLSCHAFT UND POLITIK

8.1 Das politische System

Zentralregierung, die	الحكومة المركزية	سَنترَالرِگِيرُنگ
Staatsregierung, die	حكومة الولاية	شطَاتسرِگِيرُنگ
Regionalregierung, die	الحكومة الإقليمية	رِگئُنَالرِگِيرُنگ
Provinzregierung, die	الحكومة المحلية	برُوِنسرِگِيرُنگ
Amtszeit, die	مدة الخدمة	أَمتسصَيت
Koalition, die	الائتلاف	كُؤَلِسيُون
Kabinett, das	مجلس الوزراء	كَبِنَت
Parlament, das	مجلس النواب	بَرلَمَنت
Senator, der	عضو مجلس الشيوخ	زِنَاتُر
große Versammlung, die	المجلس الكبير	گرُوس فَرزَملُنگ
Minister, der	الوزير	مِنِستَر
Nomade, der	بدوي	نُمَادَ
Wahlen, die	انتخابات	وَالَن
Ministerium, das	وزارة	مِنِستَارِئُم
Putsch, der	انقلاب	بُتش
Fundamentalismus, der	أصولية	فُندَمَنطَلِسمُس
Bürgermeister, der	عمدة	بُرْگَرمَيْستَر
Gouverneur, der	محافظ	گُوَرنُور
Flüchtlinge, die	لاجئون	فلُشتلِنگَ
Nachbarland, das	بلد وجاور	نَخْبَرلَند

8.2 Regierungsformen

Demokratie, die	ديمقراطية	دَمُكرَتِي
Republik, die	جمهورية	رِببُلِيك
Islamische Republik, die	جمهورية إسلامية	إسلَامِش رِببُلِيك
Volksrepublik, die	جمهورية شعبية	فُلكسرِبُلِيك
Bundesrepublik, die	فدرالية	بُندَسرِببُلِيك
Regierung, die	حكومة	رِگِيرُنگ
Königreich, das	مملكة	كُونِگرَيش
Emirat, das	الإمارة	إمِرَات
Besatzung, die (Militär)	طاقم	بَصَتسُنگ
Kolonie, die	مستعمرة	كُلُنِي
Bundesstaat, der	دولة فدرالية	بُندَسشطَات
Staatschef, der	رئيس الدولة	شطَاتسشَف
Kriegsherr, der	أمير الحرب	كرِيگسهَار
Imperium, das	إمبراطورية	إمبَارِيُم
Gewaltenteilung, die	فصل السلطات	گَولتطَنتَيلُنگ
Nationale Einheitsregierung	حكومة وحدة وطنية	نَتسيُنَالَ أَينهيتسرِگيرُنگ
Besetzung, die	احتلال	بَستسُنگ
Scharia, die	الشريعة	شَرِئَ
Anerkennung, die	اعتراف	أَنأَركَنُّنگ
Präsident, der	رئيس	برِزِدَنت
Vizepräsident, der	نائب	وِيسَبرِزِدَنت
Vizepräsident, der	نائب	وِيسَبرِزِدَنت

8.3 Verfassung

Verfassung, die	دستور	فَرفَسُّنگ
Oberste Gerichtshof, der	المحكمة العليا	أُوبَرستَ گَرِجتسهُوف
Rechtsprechung, die	القضاء	رِشتشبِرِخُنگ
Einspruch, der	اعتراض	أَينشبرُح
gültig adj.	صحيح	گُلتِگ
islamische Recht, das	الشريعة الإسلامية	إسلَامِشَ رِشت
Verurteilung, die	الحكم عليه	فَرأُرطَيلُنگ
rechtmäßig adj.	مشروع	رِشتسمَاسِگ
Erlass, der	مرسوم / إصدار	أَرلَس
rechtswidrig adj.	مخالف للقانون	رِشتسوِدرِگ
Prozess, der	محاكمة	برُسَس
Bestechung, die	رشوة	بَشتَشُنگ
Richter, der	قاضٍ	رِشتَر
Fairness, die	عدالة	فَيرنَس
Jurist, der	محام	يُرِست
Augenzeuge, der	شاهد عيان	أَوگَنسُيْگَ
Justiz, die	قضاء	يُستِيس
Amtsgericht, das	محكمة ابتدائية	أَمتسگَرِشت

8.4 Ministerien

Ministerium für Handel und Industrie, das	وزارة التجارة والصناعة	مِنستَارِئُم فُور هندَل أُند إندُسترِي
Ministerium für Landwirtschaft, das Bewässerung und Tierzucht, das	وزارة الزراعة والري والثروة الحيوانية	مِنستَارِئُم فُور لَندوِرتشَفت بَوَسَرُنگ أُند تِيرسُخت
Ministerium für Kommunikation und Informationstechnologie, das	وزارة الاتصالات وتكنولوجيا المعلومات	مِنستَارِئُم فُور كُمُنِكَسِيون أُند إنفُرمَسِيونستَخنُلُگِي
Verteidigungsministerium, das	وزارة الدفاع	فَرتَيدِگُنگس مِنستَارِئُم
Ministerium für Wirtschaft, das	وزارة الاقتصاد	مِنستَارِئُم فُور وِرتشَفت
Ministerium für Finanzen, das	وزارة المالية	مِنستَارِئُم فُور فِنَنسَن
Ministerium für Auswärtige Angelegenheiten, das	وزارة الخارجية	مِنستَارِئُم فُور أَوسوَرتِگَ أَنگَلَاگَنهيتَن
Ministerium für Information und Kultur, das	وزارة الإعلام والثقافة	مِنستَارِئُم فُور إنفُرمَسِيون أُند كُلتُور
Innenministerium, das	وزارة الداخلية	إنَّنمِنستَارِئُم
Justizministerium, das	وزارة العدل	يُستِيسمِنستَارِئُم
Märtyrer und Behinderte, das	وزارة العمل والشؤون الاجتماعية والشهداء والمعاقين	مِنستَارِئُم فُور أَربَيت سُسِيالَس مَرتُيْرِر أُند بَهِندَرتَ
Ministerium für Minen, das	وزارة المناجم	مِنستَارِئُم فُور مِينَن
Gesundheitsministerium, das	وزارة الصحة	گَسُندهيتسمِنستَارِئُم
Ministerium für Flüchtlinge, das	وزارة شؤون اللاجئين	مِنستَارِئُم فُور فلُشتلِنگَ
Wiederaufbau und Entwicklung, das	وزارة التعمير والتنمية الريفية	مِنستَارِئُم فُور لَندلِشن وِدَرأوفبَوْ أُند أَنتوِكلُنگ
Ministerium für Verkehr und Zivilluftfahrt, das	وزارة النقل والطيران المدني	مِنستَارِئُم فُور فَركَير أُند سِوِيلُفتفَارت

8.5 Politik und Gesellschaft

Demokratie	ديمقراطية	دَمُكرَتِي
Gesellschaft, die	مجتمع	گَسَلشَفت
Gemeinschaft, die	مجتمع	گَمَينشَفت
Gesellschaftsordnung, die	النظام الاجتماعي	گَسَلشَفتسأُردنُنگ
Innenpolitik, die	السياسة الداخلية	إنَنبُلِتِيك
Politik, die	سياسة	بُلِتِيك
Wirtschaftspolitik, die	السياسة الاقتصادية	وِرتشَفتسبُلِتِيك
Diplomatie, die	دبلوماسية	دِبلُمَتِي
politische Aktion, die	العمل السياسي	بُلِيتِشَ أَكسِئُون
politische Macht, die	السلطة السياسية	بُلِيتِشَ مَحت
Volk, das	الناس	فُلك
Bürger, der	المواطنين	بُرگَار
Bürgerrecht, das	الحقوق المدنية	بُرگَارِّحت
Meinungsfreiheit, die	حرية التعبير	مَينُنگسفرَيحَيت
Versammlungsfreiheit, die	حرية التجمع	فَرسَملُنگسفرَيحَيت
Opposition, die	معارضة	أُبُّسِتسِؤُون
Land, das	بلد	لَند
Staat, der	دولة	شطَات
Staatswesen, das	كيان سياسي	شطَاتسوَاسَن
Bund, der	اتحاد	بُند
Ungerechtigkeit, die	ظلم	أُنگَرِحتِگكَيت
Zivilgesellschaft, die	المجتمع المدني	سِوِيلگَسَلشَفت
unabhängige Staat, der	الدولة المستقلة	أُنؤَبهَنگِگَ شطَات
neutrale Staat, der	الدولة المحايدة	نَيترَالَ شطَات

8.6 Justizwesen

Rechtssystem, das	نظام حقوقي	رِشتسِّستَام
Paragraph, der	فقرة	بَرَگرَاف
Recht, das	الحق	رِشت
Vollmacht, die	التوكيل	فُلمَخْت
Vollmacht erteilen	وَكَّلَ	فُلمَخْت أَرتَيلَن
Gesetz, das	القانون	گَسَتس
Kläger, der	مدعى	كلَاگَر
entschädigen	عَوَّضَ	أَنتشِدگَن
Delikt, das	جريمة	دَلِكت
juristisch adj.	قانونيٌّ	يُرستِش
Urteil, das	حكم	أُرتَيل
Verbrechen, das	جناية	فَربرِشِن
ein Verbrechen begehen	جَنَى	أَين فَربرِشِن بَگِهِن
bestechen	رَشَا	بَشتَشَن
Gericht, das	محكمة	گَرِشْت
Unschuld, die	براءة	أُنشُلد
Beschuldigung, die	اتهام	بَشُلدِگُنگ
Zeuge, der	الشاهد	سُيْگَ
Gerechtigkeit, die	عدالة	گَرِشتِگكَيت
Verteidiger, der	المدافع	فَرتَيدِگَر
bezeugen	شَاهَدَ	بِسُيگَن
Anklage, die	اتهام	أَنكلَاگَ

8.7 Politische Begriffe

Mehrheit, die	أغلبية	مَرهَيت
Antrag, der	طلب	أَنترَاگ
Kandidat, der	مرشح	گندِدَات
Gesetz ratifizieren	صَدَّقَ حكما	گَسَتس رَتِفِسِيرِن
Rat, der	مجلس	رَات
Sitz, der	مقعد	سِتس
Mandat, das	تفويض / ولاية	مَندَات
Rücktritt, der	استقالة	رُكترِت
Kommission, die	لجنة	كُمِسِّيون
Politiker, der	سياسي	بُلِيتِكَر
Unabhängigkeit, die	استقلال	أُنوَبهَنگِگكَيت
Protokoll, das	بروتوكول	برُتُكُل
Lobbyismus, der	ضغط سياسي	لُبِئِسمُس
Lobbyist, der		لُبِئِست
Distrikt, der	منطقة	دِسترِكت
Partei, die	الحزب	بَرتَيْ
Grenze, die	الحدود	گرِنسَ

8.8 Bundesländer in Deutschland

Bundesland	الولاية	Hauptstadt	العاصمة
Baden-Württemberg	بادن-فورتمبيرغ	Stuttgart	شتوتغارت
Bayern	بافاريا	München	ميونخ
Berlin	برلين	Berlin	برلين
Brandenburg	براندنبورغ	Potsdam	بوتسدام
Bremen	بريمن	Bremen	بريمن
Hamburg	هامبورغ	Hamburg	هامبورغ
Hessen	هسن	Wiesbaden	فيسبادن
Mecklenburg-Vorpommern	ميكلينبورغ-فوربومرن	Schwerin	شفيرين
Niedersachsen	ساكسونيا السفلى	Hannover	هانوفر
Nordrhein-Westfalen	شمال الراين - وستفاليا	Düsseldorf	دوسلدورف
Rheinland-Pfalz	راينلاند - بالاتينات	Mainz	ماينز
Saarland	سارلاند	Saarbrücken	ساربروكن
Sachsen	ساكسونيا	Dresden	دريسدن
Sachsen-Anhalt	سكسونيا-أنهالت	Magdeburg	ماغدبورغ
Schleswig-Holstein	شليسفغ هولسشتاين	Kiel	كييل
Thüringen	تورنغن	Erfurt	إرفورت

KAPITEL 9

KUNST
KULTUR
UND
LITERATUR

9. 1	LITERATUR	الأدب
9. 2	MALEREI UND BILDHAUEREI	فن الرسم و فن النحت
9. 3	MUSIK UND TANZ	الموسيقى والرقص
9. 4	THEATER UND KINO	المسرح والسينما
9. 5	KULTURELLE VERANSTALTUNGEN	فعاليات ثقافية

الأدب.

9.1 Literatur

Handlung, die	عمل	هَندلُنگ
Schriftsteller, der	الكاتب	شرِفتشِتَلَّر
Geschichte, die	تاريخ	گَشِجْتَ
Tagebuch, das	يوميات	طَاگَبُوح
Ausgabe, die	الانتاج	أَوسگَابَ
Essay, das	مقال	أَسَّيْ
Epoche, die	العصر	أَبُخِ
Gattung, die	جنس	گَتُّنگ
Inhaltsverzeichnis, das	جدول المحتويات	إنهَلتسفَرسَيحنِس
Ghasel, das	غزل	غَازَل
Sage, die	أسطورة	صَاگَ
Roman, das	رواية	رُمَان
Person, die	فرد	بَرزُون
Gedicht, das	القصيدة	گَدِشْت
Poesie, die	شعر	بُؤَزِي
Veröffentlichung, die	النشر	فَرأُفَّنتلِشُنگ
Kurzgeschichte, die	القصة القصيرة	كُرسگَشِجْتَ
Text, der	النص	تَكست
Titel, der	العنوان	تِيتَل
Vorwort, das	المقدمة	فُروُرت
Absatz, der	الفقرة	أَبصَتس

9.2 Malerei und Bildhauerei

Kunst, die	فن	كُنست
Kreativität, die	الإبداع	كرِيَتِوتِت
Farbe, die	الإبداع	فَربَ
Kunstwerk, das	العمل الفني	كُنستوَرك
Zeichnung, die	رسم	صَيشنُنگ
Zeichner, der	رسام	صَيشنَر
Malerei, die	فن الرسم	مَالَرَي
Portrait, das	صورة نصفية	بُرترِي
Atelier, das	مرسم	أَتليَار
Pinsel, der	فُرشة	بِنزَل
Skizze, die	رسم تخطيطي	سكِتسَ
Ausstellung, die	عرض	أَوسشِتَلُنگ
Galerie, die	دار العرض	گَلَرِي
Museum, das	متحف	مُزَيُم
Form, die	شكل	فُورم
Bilderhauerei, die	نحت	بِلدَهَوؤَرَيْ
Gestaltung, die	تشكيل	گَشطَلتُنگ
Skulptur, die	منحوتة	سكُلبتُور
Mosaik, der	فسيفساء	مُزَئِك
Sammlung, die	مجموعة	زَملُنگ
Detail, das	نقطة تفصيلية	دِطَيل

9.3 Musik und Tänze

Aufführung, die	عرض	أوفُورُنگ
singen	غَنَّى	زِنگَن
Gesang, der	غناء	گَزَنگ
komponieren (Teile)	لَحَّنَ	كُمبُنِيرِن
Konzert, das	حفلة موسيقية	كُنسَرت
aufnehmen	الْتَقَطَ	أوفنِمَن
Tanz, der	رقص	طَنس
Musik, die	موسيقى	مَزِيك
Ton, der	صوت	تُون
proben	تَمَرَّنَ	برُوبَن
Klavier, das	بيانو	كلَوِير
Komposition, die (Lied)	تلحين	كُمبُزِتسِيون
Note, die	نوتة	نُوتَ
Trommel, die	طبلة	ترُمَّل
Melodie, die	لحن	مِلُدِي
Ouvertüre, die	افتتاحية	أُوَرتُورِ
Flöte, die	ناي	فلُوتَ
Nationalhymne, die	نشيد وطني	نَتسِئُنَالهِمنَ
Meister, der	بطل	مَيستَر
Rhythmus, der	إيقاع	رِتمُس

9.4 Theater und Kino

Darsteller, der	ممثل	دَرشتَلَّر
Berühmtheit, die	شهرة	بَرُومتهيت
Dialog, der	حوار	ديَلُوگ
Mitarbeiter der	مساعد	مِتأَربَيتَر
Preis, der	جائزة	برَيس
Schauspieler, der	ممثل	شَوشبِيلَر
Schauspielerin, die	ممثلة	شَوشبِيلَرِن
Kino, das	سينما	كِينُ
Theater, das	مسرح	تَيَاتَر
Drama, das	مسرحية	درَامَ
berühmt adj.	مشهور	بَرُومت
Tragödie, die	مأساة	ترَگُودِي
Regie, die	إخراج	رَجِي
Rolle, die	دور	رُلَّ
Hauptrolle, die	دور رئيسي	هَوبترُلَّ
Publikum, das	الجمهور / المشاهدون	بُبلِكُم
Handlung, die	عمل	هَندلُنگ
Szene, die	مشهد	سِنَ
Applaus, der	تصفيق	أَبلَوس

9.5 Kulturelle Veranstaltung und Anlässe

Geburtstag, der	عيد ميلاد	گَبُرتسطَاگ
Sitzung, die	جلسة	زِتسُنگ
Jahrestag, der	ذكرى سنوية	يَارِسطَاگ
Feier, die	حفلة	فَير
Versammlung, die	اجتماع	فَرزَملُنگ
Zeremonie, die	مراسم	سَرِمُنِي
Konferenz, die	مؤتمر/ ندوة	كُنفَرَس
Einladung, die	دعوة	أَينلَادُنگ
Präsentation, die	عرض	برِزَنطَسِيُون
Veranstaltung, die	إقامة	فَرأَنشطَلطُنگ
Gast, der	ضيف	قَست
einweihen	أَطْلَعَ	أَينوَيهَن
Einweihung, die	تدشين	أَينوَيهُنگ
Show, die	عرض	شُوْو
Übergabe, die	تسليم	أُبرقَابَ
Treffen, das	لقاء	ترِفَّن
Begegnung, die	اجتماع / مقابلة	بَگَگنُنگ
Ball, der	حفلة راقصة	بَل
Parade, die	استعراض	بَرَادَ
Jubiläum, das	الذكرى	يَبِلَايُم
Ehrenzeichen, das	وسام	ءَارِنصَيشَن
Feiertag, der	يوم عيد	فَيَرْطَاگ

KAPITEL 10

ARBEITSWELTEN UND BERUFSLEBEN

مهن

10.1 Berufe

Tagelöhner, der	عامل مياومة	طَاگَلُونَر
Metzger, der	جزار / قصاب / لحام	مَتسگَر
Schäfer, der	راعي غنم / غنام	شِفَر
Verkäufer, der	بائع	فَركُيْفَر
Tischler, der	نجار	تِشلَر
Juwelier, der	جوهري	يَوَلِير
Goldschmied, der	صائغ	گُلدشِمِيد
unerfahren adj.	غشيم	أُنأَرفَارِن
Talent, das	موهبة	طَلَنت
Arbeitslosigkeit, die	بطالة	أَربَيتسلُوسِگكَيت
Ausdauer, die	مثابرة	أَوسدَوَر
Ordnung, die	ترتيب	أُردنُنگ
Mühe, die	جهد	مُوهَ
sich bemühen	اجْتَهَدَ	سِشْ بَمُوهَن
Druck ausbauen	إزديادالضّغط	درُك أَوسبَوَن
Bäcker, der	خباز	بَكَر
Soldat, der	جندي	سُلدَات
Mühe, die	جهد	مُهَ
sich bemühen adj.	بذل الجهد	سِشْ بَمُوهَن
Druck ausbauen adj.	ممارسة الضغط	درُك أَوْسبَوَن
Bäcker, der	خباز	بَكَر
Soldat, der	جندي	سُلدَات

10.2 Im Büro

Gerät, das	جهاز	گريت
organisieren	نَظَّمَ	أُرگَنسِيرِن
Bürotätigkeit, die		بِرُوتَاتِگكَيت
Briefentwurf, der		بريفأَنتوُرف
beschäftigt adj.	مشغول	بَشَفتِگت
Abteilung, die	قسم	أَبتَيلُنگ
Abteilungsleiter, der	رئيس قسم	أَبتَيلُنگسلَيتَر
Vertreter, der	ممثل / وكيل	فَرترِيتَر
Vertretung, die	نيابة	فَرترِيتُنگ
Organisation, die	تنظيم	أُرقَنِسَتسِيُون
krank sein	يكون مريضا	كرَنك سَين
Markierstift, der	قلم (علامة)	مَركِيرشتِفت
Dienstzeit, der	مدة الخدمة	دِينستسَيت
Bürogebäude, das	مبنى للمكاتب	بِرُوگَبَيدَ
Büro, das	مكتب	بِرُو
Kopie, die	نسخة	كُبِي
Datei, die	ملف	طَتي
Briefpapier, das	ورق رسائل	بريفبَبِير
Fotokopie, die	نسخة	فُوتُكُبِي
Termin, der	موعِد	تَرمِين
Tippfehler, der	خطأ كتابي	تِبفَالَر

10.3 Geschäftsleben

konkurrieren	نَافَسَ	كُنكُرِيرِن
Wettbewerb, der	مسابقة	وَتبَوَرب
expandieren	تَوَسَّعَ	أَكسبَندِيرِن
erweitern	وَسَّعَ	أَروَيتَرن
übernehmen	تَسَلَّمَ	أُبَرنِيمَن
Rechnung, die	حساب	رِشنُنگ
Manager, der	مدير	مَنَجَر
Leiter, der	رئيس	لَيتَر
Angestellte, der	موظف / مستخدم	أَنگَشتَلتَر
Geschäftsmann, der	رجل أعمال	گَشَفتسمَن
Direktor, der	مدير	دِرِكتُر
Rabatt, der	خصم	رَبَت
Profit, der	الرّبح	برُفِيت
Verlust, der	خسارة	فَرلُست
Etat, das	الميزانية	أَطَا
Dienstleistung, die	خدمة	دِنستلَيستُنگ
geschäftlich adj.	تجارية	گَشَفتلِح
Kondition, die	الشرط	كُندِسِيون
abschätzen	مبلغ تقديري	أَبشَتسَن
Bestellung, die	طلبية	بَشتَلُّنگ
Visitenkarte, die	بطاقة الأعمال	وِزِيتَنكَرتَ
Warteraum, der	غرفة الانتظار	وَرتَرَوم

10.4 Tätigkeiten auf der Arbeit

Projekt, das	مشروع	برُيَكت
Gehalt, der	مرتب	گَهَلت
verzichten	تَنَازَلَ	فَرسِشتَن
anerkennen (amtlich)	اعْتَرَفَ	أَنَرْكَنَّن
Verpflichtung, die	التزام	فَرفلِشتُنگ
Arbeitstag, der	يوم عمل	أَربَيتسطَاگ
einstellen		أَينشِتَلَّن
erleichtern	سَهَّلَ	أَرلَيشتَرن
benutzen	اسْتَعْمَلَ	بَنُتسَن
anstellen	شَغَّلَ	أَنشِتَلَّن
Vorgehen, das	إجراء	فُرگَهَن
verfahren	تصرف	فَرفَارِن
versammeln	جَمَعَ	فَرصَمَّلن
Funktion, die	وظيفة	فُنكسِيُون
Stellung, die	مكانة	شتَلُّنگ
Einkommen	دخل	أَينكُمَّن
ausüben	مَارَسَ	أَوسأُوبَن
leiten	رَأَسَ	لَيتَن
beauftragen	كَلَّفَ	بَأَوفترَاگَن
überzeugen	أَقْنَعَ	أُبَرسُيگَن
mitarbeiten	تَعَاوَنَ	مِتأَربَيتَن

10.5 Handel und Gewerbe

Ware, die	بضاعة	وَارِ
Gut, das	مال	گُوت
Artikel, der	صنف	أَرتِيكَل
Lieferung, die	تسليم	لِيفَرُنگ
Großhandel, der	تجارة الجملة	گرُوسهَندَل
Beteiligung, die	مشاركة	بَتَيلِگُنگ
gründen	أَسَّسَ	گرُندَن
Ladenbesitzer, der		لَادَنبَزِتسَر
Eigentümer, der	صاحب	أَيگَنْتُومَر
Umsatz, der	مبيعات	أُمصَتس
Ermäßigung, die	تخفيض	أَرمَاسِگُنگ
Lieferant, der	مورِّد	لِيفَرَنت
Lizenz, die	رخصة	لِسَنس
Konzession, die	امتياز	كُنسَسِّؤُون
Vertrag, der	عقد	فَرترَاگ
verwalten	أَدَارَ	فَروَلتَن
beaufsichtigen	أَشْرَفَ	بَأَوفسِحتِگَن
Vertrieb, der	تصريف	فَرتِريب
Gewinn, der	ربح	گوِن
Gewinnanteil, der	حصة في الأرباح	گوِنأَنتَيل
Mahnung, die	إنذار	مَانُنگ
Provision, die	عمولة	برُوِسيُن

KAPITEL 11

INDUSTRIE UND WIRTSCHAFT

11.1 Wirtschaft I

Wirtschaft, die	اقتصاد	وِرتشَفت
Wachstum, das	نمو	وَكستُوم
Handel, der	تجارة	هَنْدَل
Handel treiben	تَاجَرَ	هَنْدًل تريَن
Produzent, der	منتج	برُدُسَنت
Konsument, der	مستهلك	كُنزُمَنت
Markt, der	سوق	مَركت
importieren	اسْتَوْرَدَ	إمبُرتِيرِن
exportieren	صَدَّرَ	أَكسبُرتِيرِن
Import, der	استيراد	إمبُرت
Export, der	تصدير	أكسبُرت
Handelsgesellschaft,die	شركة تجارية	هَندَلسگَسَلشَفت
Marktwirtschaft, die	إقتصاد السوق	مَركتوِرتشَفت
beliefern	زَوَّدَ	بَلِيفَرن
Nachfrage, die	الطلب	نَخفرَاگ
kosten	كَلَّفَ	كُستَن
Angebot, das	عطاء	أنگبُوت
Knappheit, die	ضيق / شح / ندرة	كنَبهَيت
Unternehmen, das	مؤسسة	أُنترنَامَن
Geschäft, das	دكان / محل تجاري	گَشَفت
Angebot und Nachfrage	العرض والطلب	أنگبُوت أُند نَاخفرَاگَ
Weltwirtschaft, die	الاقتصاد العالمي	وَلتوِرتشَفت

11.2 Landwirtschaft

زراعة

mähen	حَشَّ	مَاهَن
Wiese, die	مرج	وِيزَ
düngen	سَمَّدَ	دُنگَن
Agrar, das	زراع	أَگرَار
Landwirtschaft, die	زراعة	لَندوِرتشَفت
Bauer, der	فلاح	بَوَرْ
Viehzucht, die	تربية الماشية	فِيسُخْت
Vieh, das	ماشية	فِيه
züchten	رَبَّى	سُشْتَن
aufziehen	ربَى	أوفسِيهَن
Herde, die	قطيع	هَردَ
Stall, der	زريبة	شطَل
Weide, die	مرعى	وَيدَ
Brunnen, der	بئر	برُنَّن
Samen, der	بزر	زَامَن
Korn, das	حبة	كُرن
bewässern	سَقَى	بَوَسَّرن
fruchtbar adj.	خُصَب	فرُختبَار
anbauen (Pflanzen)	زَرَعَ	أَنبَوَن
säen	بَذَرَ	زَاءَن
ernten	حَصَدَ	أَرنتَن
Getreide, das	حبوب	گَترَيدَ
Spaten, der	مجرفة	شبَاتَن

11.3 Industrie

صناعة

Industrie, dic	صناعة	إندُسترِي
Industriell adj.	صناعيٌّ	إندُسترِيَل
Herstellung, die	صنع	هَرشتَلُّنگ
Metallindustrie, die	صناعة المعادن	مَطَلإندُسترِي
herstellen	صَنَعَ	هَرشِتَلِّن
Hersteller, der	صانع	هَرشِتَلُّنگ
Massenproduktion, die	إنتاج كبير / بالجملة	مَسَّنبرُدُكسِئُون
Industrieanlage, die	منشأ صناعي	إندُسترِيأَنلَاگ
Produktionsstätte, die	مصنع	برُدُكسِيُونسشتِتَّ
Maschinen, die	آلة / ماكينة / مكنة	مَشِينَن
automatisch adj.	أوتوماتيك	أوتُمَاتِش
manuell adj.	يدويٌّ	مَنُول
Vorgang, der	عملية	فُرگَنگ
Arbeiter, der	عامل	أَربَيتَر
Industriegebiet, das	منطقة صناعية	إندُسترِيگَبِيت
qualifiziert adj.	مأهَّل	كُولِفِسِرت
Fabrikarbeiter, der	عامل مصنع	فَبرِكأَربَيتَر
Betrieb, der	مؤسسة	بَترِيب
Management, das	إدارة	مَنجمَنت
industrialisieren	صَنَّعَ	إندُسترِيلِسِيرن

11.4 Handwerk

reparieren	صَلَّحَ / رَمَّمَ	رِبَرِيرِن
Teil, das	قطعة	طَيل
Bau, der	بناء / إنشاء	بَوْ
Ersatzteile, die	قطعة غيار	أرزَتستَيلَ
Schnur, die	خيط	شنُور
Seil, das	حبل	زَيل
Draht, der	سلك	درَات
Nagel, die	مسمار	نَاگل
Leiter, die	سلّم	لَيتَر
Hammer, der	مطرقة / شاكوش	هَمَّر
Schraubenzieher, der	مفك	شرَوبَنسِيِيَر
Bohrer, der	مثقب	بُورَر
Zange, die	كماشة	سَنگَ
Bohnermaschine, die	مثقب	بُونَرمَشِين
Säge, die	منشار	زَاگَ
Werkstatt, die	ورشة	وَركشِطَت
Handwerker, der	صاحب حرفة	هَندوَركَر
installieren	رَكَّبَ	إنستَلِيرِن
Schreiner, der	نجار	شَرَينَر
Bauarbeiter, der	عامل بناء	بَووَربَيتَر
Instandhaltung, die	صناية	إنشطَنتهَلتَن
montieren	رَكَّبَ / جَمَّعَ	مُنتِيرِن

11.5 Bergbau

Rohstoff, der	مادة أولية	رُوشِتُف
Bergbau, der	تعدين	بَرگبَو
Stahlwerk, das	مصنع الصلب	شِطَالوَرك
Bodenschatz, der	ثروات معدنية	بُودَنشَتس
Ressource, die	مورد	رِسُّورسَ
Holzkohle, die	ألومنيوم	هُلسكُولَ
Aluminium, das	ألومنيوم	أَلُمِينِؤُم
Blei, das	رصاص	بلَي
Kohle, die	فحم	كُولَ
Steinkohle, die	فحم حجري	شطَينكُولَ
Eisen, das	حديد	أيزَن
Erdgas, das	غاز طبيعيٌّ	أَردگَاس
Erdöl, das	نفط / بترول	أَردأُول
Gold, das	ذهب	گُلد
Kalk, der	جير / كلس	گَلك
Kupfer, das	نحاس	كُبفَر
Messing, das	نحاس أصفر	مَسِّنگ
Roheisen, das	حديد خام	رُووَيزَن
Silber, das	فضة	زِلبَر
Schwefel, der	كبريت	شوَافَل
Ofen, der	مدفأة	أُوفَن

KAPITEL 12

FINANZEN UND FORSCHUNG

12. 1	FINANZEN	المالية
12. 2	BANKWESEN	الخدمات المصرفية
12. 3	ENTWICKLUNG	تنمية
12. 4	WIRTSCHAFT II	الاقتصاد ٢

12.1 Finanzen

Finanzen, die	المالية	كرِديت
Kredit, der	قرض	كرِديت
Schulden, die	ديون	شُلدَن
Schulden haben	هو على ديون	شُلدَن هَابَن
Bank, die	مصرف / بنك	بَنك
Betrag, der	مبلغ	بَترَاگ
Vermögen, das	مال,ثروة	فَرمُوگَن
vermieten	أجَرَ	فَرمِيتَن
verleihen	أعار	فَرلَيهَن
Währung, die	عملة	وَارُنگ
sparen	وفَر	شبَارِن
Kapital, das	رأس مال	كَبِتَال
Zins, der	فائدة	سِنس
Überweisung, die	تحويل	أُوبَروَيزُنگ
Preis, der	سعر,ثمن	بَرَيس
Aktie, die	سهم	أَكسِئَ
Spekulation, die	مضاربة	شبَكُلَسِئُون
Börse, die	بورصة	بُرْزَ
Steuer, die	ضريبة	شتَيئَر
Steuerhinterziehung, die	التهرب من الضريبة	شتَيئَرهِنترَسِييُنگ
investieren	إنوَستِيرِن	إنوَستِيرِن
Investition, die	إنوَستِسِئُون	إنوَستِسِيون

12.2 Bankwesen

unterschreiben	وَقَّعَ / أَمْضَى	أُنتَرشِرَيبَن
Bankangestellte, der	موظف البنك	بَنكاأَنگَشِتَلتَ
Konto, das	حساب	كُنتُ
Sparkonto, das	حساب التوفير	شبَاركُنتُ
Konto eröffnen	فتح حساب	كُنتُ أَرءُفنَن
einzahlen	دَفَعَ / أَوْدَعَ	أَينصَالِن
Geld abheben	سحب المال	گلد أَبهَابِن
auflösen (Konto)	ألغى	أَوفلُوزَن
zunehmen	ارتفع	سُونِمَن
Darlehen, das	قرض	دَرلِيهَن
Rate, die	قسط	رَاتَ
kurzfristig adj.	قصير الأجل,عاجل	كُرْسفِرِسْتِگ
langfristig adj.	طويل المدى	لَنگفِرِستِگ
Versicherung, die	تأمين	فَرزِشَارُنگ
kassieren	حَصَّلَ	كَسِّيرِن
Netto	صاف	نَتُّ
Brutto	إجمال	بُرُتُّ
kündigen	أَلْغَى	كُندِگَن
Geld ausgeben	صرف النقود	گلد أَوسگَابَن
Schatzmeister, der	أمين الصندوق	شَتسمَيستَر

12.3 Entwicklung

Technologie, die	تكنولوجيا	تَشنُلُگِي
Technik, die	تكنيك / تقنية	تَشنِيك
Experte, der	خبير	أكسبَرتَ
Bedienungsanleitung, die	طريقة الاستعمال	بَدِينُنگسأينلَيتُنگ
Fachmann, der	خبير	فَخْمَن
Fortschritt, der	تقدُّم	فُرتشِرِت
Erprobung, die	تجريب	أربُرُوبُنگ
Leistung, die	قدرة	لَيستُنگ
Labor, das	مُختبَر	لَبُور
Verfahren, das	عملية	فَرفَارِن
Design, das	تصميم	دِسَين
Entwurf, der	تصميم	أنتوُرف
Konstruktion, die	إنشاء	كُنستَرُكسِئُون
erfinden	اخْتَرَعَ	أرفِندَن
Erfindung, die	اختراع	أرفِندُنگ
Forschung, die	بحث	فُرشُنگ
elektrisch adj.	كهربائيٌّ	ألكتِرِش
magnetisch adj.	مغنطيسيٌّ	مَگنَاتِش
Wissenschaftler, der	عالم	وِسَّنشَفتلَار
fachkundig adj.	خبير	فَخكُندِگ
wissenschaftlich adj.	علميٌّ	وِسَّنشَفتلِشْ
Detail, das	تفصيل	دَطَيْل

12.4 Wirtschaft II

fruchtbar adj.	مُثمِر	فرُشتبَار
Arbeitsmethode, die	أسلوب العمل	أَربَيتسمَتُود
Sektor, der	قطاع	سَكتُر
Konjunkturflaute, die	الانكماش الاقتصادي	كُنيُنكتُورفِلَوتَ
Privatisierung, die	خصخصة	برِوَتزِيرُنگ
Verstaatlichung, die	تأميم	فَرشِطَاتلِشُنگ
Außenhandel, der	تجارة خارجية	أَوسَنهَندَل
Binnenhandel, der	تجارة داخلية	بِنَّنهندَل
Handelsvertrag, der	عقد تجاري	هندِلسفَرتَراَگ
Handelspartner, die	الشركاء التجاريين	هَندِلسبَرتنِر
Herstellung, die	إنتاج / صنع	هَرشِتَلُّنگ
Außenmarkt, der		أَوسَنمَركت
Weltmarkt, der	السوق العالمية	وَلتمَركت
Streik, die	إضراب	شترَيك
Zoll, der	جمرك	سُل
Produktionsmittel, das	وسائل الإنتاج	برُدُكسِيُونسمِتَّل
Steuer, die	ضريبة	شتَيُر
Produktionsmittel, das	وسائل الإنتاج	برُدُكسِئُونسمِتَل
Steuer, die	ضريبة	شتُيَر
Versicherung, die	تأمين	فَرسِشَرُنگ

KAPITEL 13

MEDIEN KOMMUNIKATION UND PRESSEWESEN

13.1 Nachschlagwerke

Wörterbuch, das	معجم	وُرتَربُوح
Wörterbuch, das	قاموس	وُرتَربُوح
publizieren	نشر	بُبلِسِيرِن
Bücherei, die	مكتبة	بُوشَرَيْ
Buchhandlung, die	مكتبة	بُوهندلُنگ
Buch, das	كتاب	بُوخ
Sachbücher, die	كتب متخصصة	زَخْبُوشَر
Buchhändler, der	بائع الكتب	بُوخْهَندلَر
Antiquariat, das	متجر كتب قديمة	أَنتِكْوَرِيَات
Einband, das	غلاف	أَينبَند
Taschenbuch, das	كتاب جيب	طَشَنبُوح
Index, der	فهرس	إندَكس
Wörterregister, das	سجل الكلمات	وُرتَرَّگِستَر
Überblick, der	ملخص	أُبَربِلِك
Auflage, die	طبعة	أَوْفلاگ
Korrekturlesen, das	قراءة دليل	كُرِكتُورلَازَن
Druckfehler, der	خطأ مطبعي	دُرُكْفِلَر
Druckerei, die	مطبعة	درُكَرَيْ
rezensieren	نَقَدَ	رَسَنزِيرِن
Zusammenfassung, die	ملخَّص	سُزَمَّنفَسَّنك
Verlag, der	دار النشر	فَرلَاگ
Flugblatt, das	منشور	فلُوگبلَط
Buchbinder, der	مجلِّد	بُوخْبِندَر

13.2 Bücher

geistiges Eigentum	ملكية فكرية	قَيْستِگَس أَيْگَنتُوم
Verleger, der	ناشر	فَرلِگَر
Exemplar, das	نسخة	أَكسَمبلَر
Urheberrecht, das	حقوق التأليف	أُرهِبَرْرَشت
handschriftlich, adj.	خطيٌّ	هَندشِرِفتلِش
Abkürzung, die	اختصار	أَبكُرسُنگ
Vorwort, das	مقدمة	فُروُرت
Einleitung, die	تمهيد	أَينلَيتُنگ
Inhaltsverzeichnis, das	فهرس	إنهَلتسفَرسَيشِنِس
Buchseite, die	صفحة كتاب	بُوخْزَيتَ
Kapitel, das	باب	كَبِيتَل
Fußnote, die	حاشية	فُوسنُوتَ
Anhang, der	ملحَق	أَنهَنگ
Autor, der	مؤلِّف	أَوتُر
Leser, der	قارئ	لِسَر
Manuskript, das	مخطوطة	مَنُسكِرِبت
Übersetzen, das	ترجم	أُبَرسَتسَن
bearbeiten	نَقَح	بَأَربَيتَن
Zitat, das	اقتباس	سِتَات

صحافة

13.3 Presse

Pressefreiheit, die	حرية الصحافة	برَسّفرَيهَيت
Tageszeitung, die	صحيفة يومية	طَاگَسْزيتُنگ
Zeitschrift, die	مجلة	سَيتشِرفت
Illustrierte, die	مجلة مصورة	إلُّسْترِيرْتَ
Bericht, der	تقرير	بَرِشت
Nachricht, die	نشرة الأخبار	نَخرِشت
Interview, das	مقابلة	إنترِويو
Kommentar, das	تعليق	كُمَنطَار
Nummer, die	رقم	نُمَر
Journalist, der	صحفيٌّ	جُورنَلِست
Aktualität, die	حاليّة	أَكتُؤَلِتِت
Gegenwart, die	الحاضر	گِگَنوَرت
Titelseite, die	الصفحتها الرئيسية	تِيتَلزَيتَ
Schlagzeile, die	عنوان عريض	شلَگسَيلَ
Herausgeber, der	ناشر	هَرَوسگَابَ
Werbung, die	دعاية	وَربُنگ
Anzeige, die	إعلان	أَنسَيگَ
Zensur, die	رقابة	سَنزُور
Prospekt, das	منشور	برُسبَكت

13.4 Post und Versand

Briefträger, der	ساعي البريد	برِيفترِيگَر
Postamt, das	مكتب بريد	بُستأَمت
Postkarte, die	بطاقة بريدية	بُستكَرتَ
antworten	أَجَابَ	أَنتوُرتَن
Briefkasten, der	صندوق بريد	برِيفكَستَن
Brief, der	رسالة / مكتوب	برِيف
Post, die	بريد	بُست
Postfach, das	صندوق البريد	بُستفَخْ
Postgebühren, die	رسوم بريدية	بُستگَبُورِن
Inlandpost, die	بريد محلي	إنلَندبُسْت
Päckchen, das	طرد صغير	بَكشِحِن
zustellen	وَزَّعَ	سُوشِتَلَّن
Luftpost, die	بريد جوي	لُفتبُست
Poststempel, der	ختم البريد	بُستشِتَمبَل
Postleitzahl, die	رقم بريدي	بُستلَيتسَال
Absender, der	مرسِل	أَبسَندَر
Empfänger, der	مرسَل إليه	أَمفَنگَر
Eilsendung, die	إرسال عاجل	أَيلزَندُنگ
Briefumschlag, der	ظرف	برِيفأُمشِلاگ
Briefmarke, die	طابع بريد	برِيفمَركَ
Porto, das	أجرة بريد	بُرتُ

13.5 Fax und Telefon

telefonieren	اتّصَلَ هاتفيا	تَلَفُنِيرِن
Funktion, die	وظيفة	فُنكسِئُون
faxen, das	أرسل بالفاكس	فَكسَن
Telefonkarte, die	بطاقة هاتفية	تَلَفُونكَرتَ
dringend adj.	عاجل / مستعجل	درِنگند
Ferngespräch, das	مكالمة خارجية	فَرنگَشبِرِيخ
Klingelton, der	رنة هاتف	كلِنگَلتُون
auflegen	وَضَعَ	أوفلاگَن
Telefon, das	هاتف / تليفون	تَلَفُون
anrufen	اتّصَلَ به هاتفيا	أنرُوفَن
besetzt adj.	مشغول	بَسَتست
Telefonbuch, das	دليل الهاتف	تَلَفُونبُوح
Telefonauskunft, die	الاستعلامات الهاتف	تَلَفونأوسكُنفت
Vorwahlnummer, die	رقم المنطقة	فُروَلْنُمَر
Handy	هاتف محمول	هَندِي
Leitung, die	خط	لَيتُنگ
national adj.	وطني	نَتسِئُونَال
international adj.	دولي / عالمي	إنتَرنَتسِئُنَال

13.6 Fernsehen und Radio

Fernseher, der	جهاز تليفزيون	فَرنزَاهَر
Kanal, der	قناة	كَنَال
Programm, das	برنامج	برُگرَام
Kameramann, der	مصوِّر	كَمَرَمَن
ausstrahlen (Sendung)	بَثَّ	أَوسشِتِرَالَن
zuschauen	رَاقَبَ	سُوشَوَن
Medien, die	وسائل الإعلام	مِدِيِن
Einfluss, der	نفوذ	أَينفُلُس
Massenmedien, die	وسائل الإعلام الجماهيرية	مَسَّنمِدِئَن
berichten	قَدَّمَ تقديرا / غَطَّى	بَرِشْتَن
Sprecher, der	مذيع	شِبرِشَر
Radio, das	راديو	رَادِئُو
Zuschauer, der	مشاهِد	سُوشَوَر
Zuhörer, der	مستمِع / سامع	سُوهُرِ
Antenne, die	هوائي	أَنتَنَّ
Propaganda, die	دعاية,بروباغندا	برُوبَگَندَ
Dokumentarfilm, der	فيلم وثائقي	دُكُمَنتَرفِلم
Kindersendungen, die	برامج أطفال	كِندَرزَندُنگَن
Komödie, die	كوميديا	كُمُودِي
Wiederholung, die	تكرير	وِدَرهُولُنگ
Fernsehfilm, der	فيلم تلفزيوني	فَرنسَفِلم
Moderator, der	مقدِّم	مُدَرَاتُر
publizieren	نَشَرَ	بُبلِسِيرِن

KAPITEL 14

ANHANG
REGISTER

Abendschule, die	المدرسة المسائية	آبَندشُولَ
Abkürzung, die	اختصار	أَبكُرسُنگ
ablehnen	رَفَضَ	أَبْلِنَنْ
Ablehnung, die	رفض	أَبلَانُنگ
Absage bekommen	تَلَقَّى الرفض	أَبصَاگَ بَكُمَن
absagen	أَلْغَى	أبسَاگِن
Absatz, der	الفقرة	أَبصَتس
abschätzen	مبلغ تقديري	أَبشَتسَن
Abschluss, der	اكتمال	أَبشلُس
Absender, der	مرسِل	أَبسَندَر
Absicht, die	النية	أَبْسِشْت
Abteilung, die	قسم	أَبتَيلُنگ
Abteilungsleiter, der	رئيس قسم	أَبتَيلُنگسلَيتَر
abwägen	وَازَنَ (بين)	أَبْوِكَن
abwesend, adj.	غائب	أَبوِيزَند
Achtgeben	انْتَبَهَ	أَخْتكِبَنْ
addieren	جَمَعَ	أَدِّيرِن
adoptieren	تبنى	أَدُبْتِيرِنْ
Adresse, die	العنوان	أَدرِسَّ
aggressiv adj.	عدواني	أَگرِسِيف
Agrar, das	زراع	أَگرَار
Akademie, die	معهد	أَكَدَمِيْ
Aktie, die	سهم	أَكسِئَ
Aktualität, die	حالِيَة	أَكتُؤَلِتِت
akzeptieren	قَبِلَ	أَكزِبتِيرِن
als Märtyrer sterben	شَهِدَ	أَلْس مَرْتُيْرَر شتَرْبَنْ
alt adj.	قديم	أَلْت

altern	شَاخَ	أَلْتَرْن
Altersdurchschnitt, der	معَدَّل العمر	أَلْتَرْسْدُرشنِت
Aluminium, das	ألومنيوم	أَلُمِينِؤُم
Amtsgericht, das	محكمة ابتدائية	أَمتسگَرِشت
Amtszeit, die	مدة الخدمة	أَمتسصَيت
amüsieren	سَلَّى	دِر،أَمُوسِيرِن
anbauen (Pflanzen)	زَرَعَ	أَنبَوَن
anbeten	عبد	أَنبَتِن
anerkennen (amtlich)	اعْتَرَفَ	أَنَرْكَنَّن
Anerkennung, die	اعتراف	أَنأَرْكَنُّنگ
Angebot und Nachfrage	العرض والطلب	أَنگَبُوت أُند نَاخفرَاگَ
Angebot, das	عطاء	أَنگَبُوت
Angestellte, der	موظف / مستخدم	أَنگَشتَلتَر
angewiesen	مُعْتَمَد	أَنْكِفِسن
Anhang, der	ملحَق	أَنهَنگ
Anklage, die	اتهام	أَنكلَاگَ
Anleitung, die	توجيهات	أَنلَيْتُنگ
anmelden	سَجَّلَ	أَنمِلدِن
annehmen	قَبِلَ	أَنَّمِنْ
anreden	خَاطَبَ	أَنرِدِن
anrufen	اتَّصَلَ	أَنرُوفِن
anrufen	اتِّصَلَ به هاتفيا	أَنرُوفَن
anschauen	نَظَرَ	أَنشوَن
anschauen	نَظَرَ إلى	أَنْشَوَن
anschwellen	انْتَفَخَ	أَنشولَّن
anstellen	وَقَفَ في	أَنشتِلَّن
anstellen	شَغَّلَ	أَنشتَلَّن

anstrengen	اجتهد	أَنشتِرنگِن
anstrengen	جَهَدَ	أَنْشَرِنْكِنْ
Antenne, die	هوائي	أَنتَنَّ
Antiquariat, das	متجر كتب قديمة	أَنتِكُوَرِيَات
Antrag, der	طلب	أَنترَاگ
antworten	أَجَابَ	أَنتوُرتَن
anweisen	أَمَرَ	أَنْوَيْسِنْ
anwesend adj.	حاضر	أَنوِيزَند
anwesend sein	حَضَرَ	أَنوَازَند زَيْن
Anzeige, die	إعلان	أَنسَيگَ
anziehen	لَبِسَ	أَنْزِهِن
Appetit, der	الشهية	أَبَتِيت
Applaus, der	تصفيق	أَبلَوس
Applaus, der	تصفيق	أَبلَوس
arbeiten	عَمِلَ	أربَيْتِن
Arbeiter, der	عامل	أَربَيتَر
arbeitsam adj.	مجتهِد	أَربَيْتسَام
Arbeitslosigkeit, die	بطالة	أَربَيتسلُوسِگگَيت
Arbeitsmethode, die	أسلوب العمل	أَربَيتسمَتُودَ
Arbeitstag, der	يوم عمل	أَربَيتسطَاگ
Argument, das	الحجة	أركُمَنْت
argumentieren	تَحَاجَّ	أَرْكُمَنْتِرِن
argumentieren	تَجَادَلَ	أَرگُمَنتِيرِن
Arm, der	الذراع	أَرم
Art und Weise, die	الأسلوب	أرْت أُند وَيْزِ
Arterie, die	الشريان	أَرتَارِئ
Artikel, der	صنف	أَرتِيكَل

Atelier, das	مرسم	أَتَليَار
Atheist, der	الملحد	أَتِئست
Aufführung, die	عرض	أَوفُّورُنگ
Aufgabe, die	واجب	أَوْفقَابَ
aufhören	زَالَ	أَوفهِرِن
Auflage, die	طبعة	أَوْفلاگَ
auflegen	وَضَعَ	أَوْفلاگَن
auflösen (Konto)	ألغى	أَوفلُوزَن
aufmachen	فَتَحَ	أَوفمَخِن
Aufmerksamkeit erregen	جَذَبَ الانتباه	أَوْفمَركصَامكَيْت أَرِيگَن
Aufmerksamkeit, die	انتباه	أَوْفمَركسصَمكَيْت
aufnehmen	الْتَقَطَ	أَوفنِمَن
Aufsatz, der	موضوع إنشائيّ	أَوْفصَتس
aufwachsen	نَشَء	أَوْفوَكْسَنْ
aufziehen	ربَى	أَوفسِيهَن
Auge, das	العين	اوگ، دس
Augenbraue, die	الحاجب	اوگنبرو، دي
Augenlid, das	الجفن	اوگنليد، دس
Augenzeuge, der	شاهد عيان	أَوگَنسُيْگَ
ausbilden	دَرَّبَ	أَوْسبِلدَن
Ausbildung, die	تدريب	أَوْسبِلدُنگ
Ausdauer, die	مثابرة	أَوسدَوَر
ausfüllen	مَلَأَ	أَوْسفِلَّن
Ausgabe, die	الانتاج	أَوسگَابَ
Auslandstudium, das	دراسة في الخارج	أَوْسلَندشتُودِئُم
Ausrede, die	العذر	أَوْسرِدَ
ausruhen	استراح	فلِن
ausschalten	أَطْفَأَ	أَوْسشَلْتِن
Aussehen, das	المَنْظر / الهيئة	أَوْسَّاهَن

Außenhandel, der	تجارة خارجية	أَوسَنهَندَل
äußere adj.	ظاهر	أُيْسَرِ
Ausstellung, die	عرض	أَوسشِتَلُّنگ
ausstrahlen (Sendung)	بَثَّ	أَوسشِترَالَن
ausüben	مَارَسَ	أَوسأُوبَن
auswendig lernen	حَفِظَ	أَوْسوَندِك لَرنِن
auswendig lernen	حفظ	أَوْسوَندِگ لَرنَن
automatisch adj.	أوتوماتيك	أَوتُمَاتِش
Autor, der	مؤلِّف	أَوتُر
Bäcker, der	خباز	بَكَر
Bäcker, der	خباز	بَكَر
Baden-Württemberg	بادن-فورتمبيرغ	
Ball, der	حفلة راقصة	بَل
Bank, die	مصرف / بنك	بَنك
Bankangestellte, der	موظف البنك	بَنكأَنگَشِتَلتَ
Bau, der	بناء / إنشاء	بَوْ
Bauarbeiter, der	عامل بناء	بَوؤَربَيتَر
Bauch, der	البطن	بَوْح
Bauer, der	فلاح	بَوَرْ
Bayern	با برعن	
beantragen	طَلَبَ	بِأنتَرَكَن
bearbeiten	نَقَحَ	بَأَربَيتَن
beaufsichtigen	أَشْرَفَ	بَأَوفسِحتِگَن
beauftragen	كَلَّفَ	بَأَوفترَاگَن
Bedienungsanleitung, die	طريقة الاستعمال	بَدِينُنگسأَينلَيتُنگ
beerdigen	دفن	بَأَرْدِگَنْ
Beerdigung, die	الجنازة	بَأَرْدِگُنْگ

befehlen	أَمَرَ	بِفِلِنْ
befragen	سَأَلَ	بِفَرَكِنْ
Begegnung, die	اجتماع / مقابلة	بَگَگْنُنگ
begehren	بَغَى	بَگَارِن
begleiten	رَافَقَ	بِگلَيْتِنْ
begleiten	رَافَقَ	بِگْلَيْتِنْ
begraben	قبر	بَگرَابَن
Beileid, das	التَعزية	بَيْلَيْد
Bein, das	الساق	بين، دس
Beispiel, das	المثال	بَيْشبِل
Bekannte, der	أحد المعارف	دِر،بِكَنْتِ
beklagen	شَكَا	بِكَلَكِن
beleidigen	سَاءَ	بِلَيْدِكِن
beliefern	زَوَّدَ	بَليفَرن
bemerken	لَاحَظَ	بِمَرْكِن
bemühen	جَهَدَ	بِمُوهِن
benötigen	احْتَاجَ	بِنِتِگَن
benutzen	اسْتَعْمَلَ	بِنُتْزِنْ
benutzen	اسْتَعْمَلَ	بَنُتسَن
bereit adj.	جاهز	بِرَيْت
Bergbau, der	تعدين	بَرگبَو
Bericht, der	تقرير	بَرِشت
berichten	قَدَّمَ تقديرا / غَطَّى	بَرِشْتَن
Berlin	برلين	
Beruf, der	المِهنة	رُوس
Berufsausbildung, die	تدريب مهني	بَرُوفسأَوْسبِلدُنگ
berühmt adj.	مشهور	بَرُومت
Berühmtheit, die	شهرة	بَرُومتهيت

Besatzung, die (Militär)	طاقم	بَصَتسُنگ
beschäftigt adj.	مشغول	بَشَفتِگت
Bescheid geben	أَخْبَرَ	بِشَيْد كِبَنْ
beschreiben	وصف	بَشرَيبَن
Beschuldigung, die	اتهام	بَشُلدِگُنگ
beschweren	اشْتَكَى	بِشْوِرِن
besetzen	احْتَلَّ	بِسزتزِن
besetzt adj.	مشغول	بَستست
Besetzung, die	احتلال	بَستسُنگ
Bestattung, die	الدفن	بَشتَتُنْگ
bestechen	رَشَا	بَشتَشَن
Bestechung, die	رشوة	بَشتَشُنگ
bestellen	طَلَبَ	بِشتِلًن
Bestellung, die	طلبية	بَشتَلُنگ
Bestimmung, die	القدر	بَشتِمُنْگ
Beteiligung, die	مشاركة	بَتَيلِگُنگ
beten	صَلّى	بِتِن
beteuern	أَكَّدَ	بِتُيَنْ
Betrag, der	مبلغ	بَترَاگ
betreffen	خصَّ	بِترِفَنْ
Betrieb, der	مؤسسة	بَترِيب
bewässern	سَقَى	بَوَسَّرن
bewegen	حَرَّكَ	بِويكِنْ
bewerben	تَقَدَّمَ / رَشَّحَ نفسه	بَوَربَن
bewirken	أَحْدَثَ	بِوِرْكِنْ
bezeugen	شَاهَدَ	بِسُيگَن
Beziehung, die	العلاقة	دِي،بزِ تُونْك
Bilderhauerei, die	نحت	بِلدَهَووَّرَيْ
Bildung, die	الثقافة	بِلدُنْگ،دي

Bildungsministerium, das	وزارة التربية والتعليم	بِلدُنگسمِنِستَارِئُم
Bildungspolitik, die	سياسة التعليم	بِلدُنگسبُلِتِيك
binden	رَبَطَ	بِندِن
Binnenhandel, der	تجارة داخلية	بِنّنهندَل
Biorhythmus, der	الإيقاع الحيوي	بِيُرِتمُس
blasen	نَفَخَ	بلَا سِن
blass adj.	باهت,اصفر (وجهه)	بلَس
Blei, das	رصاص	بلَي
bleiben	بَقِيَ	بَلَيبِن
Bleistift, der	قلم رصاص	بلَيْشتِفت
Blut, das	الدم	بلُوت
Blutdruck, der	ضَغْطُ الدم	بلُوتدرُك
Blutgefäß, das	الوعاء الدموي	بلُوتگفِس
Blutzucker, der	سكر الدم	بلُوتسُكَر
Bodenschatz, der	ثروات معدنية	بُودَنشَتس
Bohnermaschine, die	مثقب	بُونَرمَشِين
Bohrer, der	مثقب	بُورَر
Börse, die	بورصة	بُرْزَ
böse adj.	زعلان	بُوزَ
Brandenburg	براندنبورغ	
Braut, die	العروس	دِي, بَرَوْت
Brautgabe, die	المهر	دِي,بَرَوْتَكَابُ
Bräutigam, der	العريس	دِر، بُرُيْتِيكَم
Bremen	بريمن	
brennen	احْتَرَقَ	بَرِنّن
Brief, der	رسالة / مكتوب	برِيف
Briefentwurf, der		برِيفأَنتوُرف
Briefkasten, der	صندوق بريد	برِيفكَستَن
Briefmarke, die	طابع بريد	برِيفمَركَ

Briefpapier, das	ورق رسائل	برِيفبَبِير
Briefumschlag, der	ظرف	برِيفأُمشِلاگ
bringen	أَحْضَرَ	برِنگِن
Bruder, der	الأخ	دِر بُرُدى
Brüderlichkeit, die	الأُخْوَة	دِي،بُرُودَرْلِيشْكَيْت
Brunnen, der	بئر	برُنَّن
Brust, die	الصدر	،بروست
Brustwarze, die	الحلمة	بروستورز، ديگه
Brutto	إجمال	بُرُتُّ
Buch, das	كتاب	بُوخ
Buchbinder, der	مجلِّد	بُوخْبِندَر
Bücherei, die	مكتبة	بُوشَرَيْ
Buchhändler, der	بائع الكتب	بُوخْهَندلَر
Buchhandlung, die	مكتبة	بُوهندلُنگ
Buchseite, die	صفحة كتاب	بُوخْزَيتَ
Buchstabe, der	حرف	بُوخشطَابَ
Bund, der	اتحاد	بُند
Bundesland	الولاية	
Bundesrepublik, die	فدرالية	بُندَسرِبُبلِيك
Bundesstaat, der	دولة فدرالية	بُندَسشطَات
Bürger, der	المواطنين	بُرگَار
Bürgermeister, der	عمدة	بُرْگَرمَيْستَر
Bürgerrecht, das	الحقوق المدنية	بُرگَارِّحت
Büro, das	مكتب	بِرُو
Bürogebäude, das	مبنى للمكاتب	بِرُوگَبَيدَ
Bürotätigkeit, die		بِرُوتَاتِگكَيت
Charakter, der	الخُلُق	كَرَكتَر
Chemie, die	كيمياء	شَمِيْ
clever adj.	ذكيٌّ	كلَوَر

Cousin, der (väterlicherseits)	ابن العم / ابن العمة	دِر, كُوزَن
Cousin, der (mütterlicherseits)	ابن الخال / ابن الخالة	دِر, كُوزَنْ
Cousine, die (mütterlicherseits)	بنت الخال / بنت الخالة	دِي,كُوسِينُ
Cousine, die (väterlicherseits)	بنت العم / بنت العمة	دِي,كُسِينَ
danken	شَكَرَ	دَنكِن
Dari	الضاري	دَارِ
darlegen	عَرَضَ	دَرلِكِن
Darlehen, das	قرض	دَرلِيهَن
Darm, der	الأمعاء	دَارم
Darsteller, der	ممثل	دَرشتَلَّر
Darsteller, der	ممثل	دَرشتَلَّر
Datei, die	ملف	طَتي
Daumen, der	الإبهام	ضَوْمَن
Delikt, das	جريمة	دَلِكت
Demokratie	ديمقراطية	دَمُكرَتِي
Demokratie, die	ديمقراطية	دَمُكرَتِي
denken	فَكَّرَ	دِنكِن
Design, das	تصميم	دِسَين
destruktiv adj.	مخرِّب	دَستْرُكتِيف
Detail, das	نقطة تفصيلية	دِطَيل
Detail, das	تفصيل	دَطَيْل
Deutsch	اللغة الألمانية	دُيْتش
Dialog, der	حوار	دِيَلُوگ
Dialog, der	حوار	دِيَلُوگ
Didaktik, die	علم التعليم	دِدَكتِك
Dienstgrad, der	مرتبة	دِينستگرَاد
Dienstleistung, die	خدمة	دِنستلَيستُنگ
Dienstzeit, der	مدة الخدمة	دِينستسَيت
diktieren	أَمْلَى	دِكتِيرِن

Diplomatie, die	دبلوماسية	دِبلُمَتِي
Direktor, der	مدير	دِركتُر
diskutieren	نَاقَش	دِسكُتِرِن
Distrikt, der	منطقة	دِسترِكت
Disziplin, die	انضباط	دِسًّبلِين
Doktorabschluss	دكتوراه	دُكتُرأَبشلُس
Dokumentarfilm, der	فيلم وثائقي	دُكُمَنتَرفِلم
Draht, der	سلك	درَات
Drama, das	مسرحية	درَامَ
Drang, der	النزعة	درَنگ
Dresden	دريسدن	
dringend adj.	عاجل / مستعجل	درِنگَند
drohen	هَدَّدَ	دُرُهَنْ
Druck ausbauen	إزديادالضّغط	درُك أَوسبَوَن
Druck ausbauen adj.	ممارسة الضغط	درُك أَوْسبَوَن
Druckerei, die	مطبعة	درُكَرَيْ
Druckfehler, der	خطأ مطبعي	دُرُكْفِلَر
dulden	سمح	دُلدَن
dulden	سَمَحَ	دُلْدِن
Dummheit, die	الحمق	دُمهَيْت
düngen	سَمَّدَ	دُنگَن
dunkelhaarig adj.	ذات الشعر الداكن	دُنكَلْهَرِگ
dunkelhäutig adj.	داكن	دُنكَلهُيْتِگ
dünn adj.	نحيف	دُن
durchfallen	رَسَبَ	دُرشفَلَن
Düsseldorf	دوسلدورف	
egozentrisch adj	أناني	أَگُسَنترِش
Ehefrau, die	الزوجة	دِي,إهِيفَرَوْ
Ehemann, der	الزوج	دِر،إهِمَن

Ehevertrag, der	النكاح	دِر، إهَ فَرْتَرَكْ
Ehrenzeichen, das	وسام	ءَارِنصَيشَن
Ehrlichkeit, die	الصدق	أَرلِشكَيْت
Ehrlichkeit, die	الصدق	دِي إِرْلِيشْكَيْت
Eifer, die	همّة	أَيْفَ
Eifersucht, die	الـغيرة	أَيْفرسُخت
eifersüchtig adj.	غيور	أَيْفَرسُشتِگ
Eigentümer, der	صاحب	أَيگَنْتُومَر
Eignung, die	لياقة	أَيْگنُنگ
Eilsendung, die	إرسال عاجل	أَيلزَندُنگ
ein Verbrechen begehen	جَنَى	أَين فَربرِشن بَگِهن
Einband, das	غلاف	أَينبَند
Eindruck, der	الانطباع	أَيْندرُك
einen Fehler begehen	ارْتَكَبَ	أَيْنِنْ فِلَ بِكِن
einen Gefallen tun	صَنَعَ معه معروفًا	أَينًا گفلَّنْ تُونْ
einfach adj.	سهل	أَيْفَح
Einfluss, der	نفوذ	أَينفُلُس
eingestehen	اعْتَرَفَ	أَيْنكِشتِن
Einheit, die	الوحدة	دِي، أَينهَيْت
Einigung, die	الإتفاق	أَيْنِكُنْك
Einkommen	دخل	أَينكُمَّن
Einladung, die	دعوة	أَينلَادُنگ
Einleitung, die	تمهيد	أَينلَيتُنگ
einschalten	فَتَحَ / أَضَاءَ	أَينشَلتَن
einschätzen	قَدَّرَ	أَيْنشَتْزِن
Einschreibung, die	تسجيل	أَيْنشرَيْبُنگ
einschreiten	تَدَخَّلَ	أَيْنشَرِيْتِنْ
Einsicht, die	الإطلاع	أَيْنسِشْت
Einspruch, der	اعتراض	أَينشبرُح

einstellen		أينشتَلّن
einweihen	أَطْلَعَ	أينوَيهَن
Einweihung, die	تدشين	أينوَيهُنگ
einzahlen	دَفَعَ / أَوْدَعَ	أينصَالِن
Eisen, das	حديد	أيزَن
elektrisch adj.	كهربائيٌّ	أَلكترِش
Ellbogen, der	المرفق	أَلبُوگَن
Eltern, die	الاوالدان	دِي إلترْن
Emirat, das	الإمارة	إمِرَات
Emotion, die	الشعور	أَمُتسِئُون
Empathie, die	التقمص العاطفي	أَمْبَتِ
Empfänger, der	مرسَل إليه	أمفَنگَر
empfehlen	أَوْصَى	إمْفِلنْ
engstirnig adj.	محدود	أنگشترِننگ
Enkel, der/ Enkelin, die	الحفيد/الحفيدة	دِر ،إنكل دِي,إنْكَلِينْ
entschädigen	عَوَّضَ	أَنتشِدگَن
entscheiden	قَرَّرَ	أَنْتشَيْدِنْ
Entscheidung überlassen	ترك قرار	إنْتشَيْدُنْك أُبرلَسَّن
Entscheidung, die	القرار	إنْشَيْدُنْك
Entschlossenheit, die	العزم / الحزم / التصميم	أَنتشلُسَّنهَيْت
entschuldigen	عَذَرَ	إنشُلدِكن
Entwurf, der	تصميم	أَنتوُرف
Epoche, die	العصر	أَبُخِ
erben	ورِثَ	أَرْبَن
Erbschaft, die	الميراث	أَرْبْشَفْت
Erdgas, das	غاز طبيعيٌّ	أَردگَاس
Erdöl, das	نفط / بترول	أَردأُول
erfinden	اخْتَرَعَ	أَرْفِنْدَنْ
erfinden	اخْتَرَعَ	أَرفِندَن
Erfindung, die	اختراع	أَرفِندُنگ

Erfindung, die	اختراع	أرفِندُنگ
Erfurt	إرفورت	
erhellen	أَضَاءَ	أَرْهِلَّنْ
erklären	شَرَحَ	أَرْكلِرِنْ
erklären	شَرَحَ	أَركلَارِن
Erlass, der	مرسوم / إصدار	أرلَس
erläutern	شَرَحَ	أرلُيْتَرن
erleichtern	سَهَّلَ	أرلَيشتَرن
Ermäßigung, die	تخفيض	أرمَاسِگُنگ
ernten	حَصَدَ	أرنتَن
Erprobung, die	تجريب	أربْرُوبُنگ
Ersatzteile, die	قطعة غيار	أرزَتستَيلَ
ersetzen	اسْتَبْدَلَ	أرسَتْزِنْ
erstaunen	دَهِشَ	أرْشتَوْنِنْ
Erstaunen, das	الدهشة	أرْشتَوْنِنْ
ertragen	احتمل	أرتراگَن
erwachsen adj.	بالغ	أرْوَكسَن
Erwachsene, der	البالغ	أرْوَكْسَنَ
Erwachsener	و ث	أرْوَكسَنَر
erweitern	وَسَّعَ	أروَيتَرن
erziehen	رَبَّى	أرزِهن
erziehen	رَبَّى	أرسِيهَن
Essay, das	مقال	أَسَّيْ
essen	أَكَلَ	أَسَّن
Etat, das	الميزانية	أطَا
etwas verbessern	صَحَّحَ شيء	أتوَس فَربَسَرن
Exemplar, das	نسخة	أكسَمبلَر
expandieren	تَوَسَّعَ	أكسبَندِيرِن
Experte, der	خبير	أكسبَرتَ
Export, der	تصدير	أكسبُرت

exportieren	صَدَّرَ	أَكسبُرتِيرِن
Fabrikarbeiter, der	عامل مصنع	فَبرِكاأَربَيتَر
Fach, das	مادة	فَخ
Fachausbildung, die	تدريب	فَحاأَوْسبِلدُنگ
fachkundig adj.	خبير	فَخكُندِگ
Fachmann, der	خبير	فَخْمَن
Fairness, die	العدالة	فَيْرنَس
Fairness, die	عدالة	فَيرنَس
Fakt, der + das	الحقيقة	فَكْت
Fakultät, die	كلية	فَكُلتَات
fallen	وَقَعَ	فلَّن
Fanatiker, der	المتعَصِّب	فَنَاتِكَر
Farbe, die	الإبداع	فَربَ
faul adj.	كسلان	فَوْل
faxen, das	أرسل بالفاكس	فَكسَن
Fehler, der	الغلط	فِلَ
Feier, die	حفلة	فَيَر
Feiertag, der	يوم عيد	فَيَرْطَاگ
Ferngespräch, das	مكالمة خارجية	فَرنگَشبِرِيخ
Fernsehfilm, der	فيلم تلفزيوني	فَرنسَفِلم
festnehmen	أَلْقَى الْقَبْضُ على	فَستِنِمِن
fett adj.	سمين	فَت
Figur, die	الشكل	فِگُور
Finanzen, die	المالي	فِنَنسَن
finden	وَجَدَ	فِندِن
Finger, der	الإصبع	فِنگَر
Fleiß, der	الإجتهاد	فلَيْس
fliegen	طَارَ	فلِگِن
Flitterwochen, die	شهر العسل	دِي,فِلِيتِرْفُخُن

Flöte, die	ناي	فلُوتَ
Flüchtlinge, die	لاجئون	فلُشتلِنگَ
Flugblatt, das	منشور	فلُوگبلَط
Form, die	شكل	فُورم
förmlich adj.	رسميٌّ	فِرْملِيش
Forschung, die	بحث	فُرشُنگ
Fortschritt, der	تقدُّم	فُرتشِرت
fortsetzen	وَاصَلَ	فُرْزَتْزَن
Fotokopie, die	نسخة	فُوتُكُبِي
fragen	سَأَلَ	فرَگِن
Französisch	اللغة الفرنسية	فرَنزُوزِش
Frau, die	امرأة	فرَوْ
Freizeit, die	أوْقات الفراغ	دِي, فَرَيزَيْت
Fremdsprache, die	لغة أجنبية	فرِمدشبرَاخْ
Freundschaft, die	الصَدَاقة	دِي,فرُونْدشَفْت
freundschaftlich adj.	وُدِيٌّ	فرُونْدشَفْتَليشْ
Friedhof, der	المقبرة	فرِيدْهُوف
fruchtbar adj.	خُصَب	فرُختبَار
fruchtbar adj.	مُثمِر	فرُشتبَار
Füller, der	قلم حبر	فُلِر
Fundamentalismus, der	أصولية	فُندَمَنطَلِسمُس
Funktion, die	وظيفة	فُنكسِيُون
Fuß, der	الرجل	فُوس
Fußnote, die	حاشية	فُوسنُوتَ
Galerie, die	دار العرض	گَلَرِي
Galle, die	الصفراء	قَلَ
Gast, der	ضيف	قَست
Gattin, die	الزوجة	دِي,كَتِين
Gattung, die	جنس	گَتُنگ
gebären	ولد	گَبَارِن

Gebäude, das	مبنى	گَبُيْدَ
geben	أَعْطَى	گِبِن
geboren werden	وُلِدَ	گَبُورِنْ وَرْدَنْ
Geburt, die	الولادة	گَبورْت
Geburtsdatum, das	تاريخ الميلاد	گَبُرتسدَاتُم
Geburtsort, der	محل الميلاد	گَبُرتسأُرت
Geburtstag, der	عيد ميلاد	گَبُرتسطَاگ
Gedicht lernen	تَعَلَّمَ قصيدة	گَدِشت لَرنَن
Gedicht, das	القصيدة	گَدِشْت
Gegenteil, das	الضد	كِكَنتَيْل
Gegenwart, die	الحاضر	گِگَنوَرت
Gehalt, der	مرتب	گَهَلت
Geheimnis, das	السر	دَسْ، گَهَيمِنِيسْ
gehen	مَشَى	گِهِن
Gehirn, das	الدماغ	گهيرن، دس
Geld abheben	سحب المال	گلد أَبهَابِن
Geld ausgeben	صرف النقود	گلد أَوسگَابَن
Gelegenheit, die	الفرصة	كِلِكِنْهَيْت
Geliebte, die	العشيقة	دِي,كِلِيبْتَ
Gemeinheit, die	الدناءة	گَمَينحَيْت
Gemeinschaft, die	مجتمع	گَمَينشَفت
Generation, die	الجيل	گَنَرَسِيُون
Genetik, die	علم الوراثة	گَنَتِك
genießen	اسْتَمْتَعَ	گِنِيسَّنْ
genügen	كَفَى	كِنُكِن
Gerät, das	جهاز	گَرِيت
Geräusch, das	الضوضاء	گَرُيْش
Gerechtigkeit, die	عدالة	گَرِشتِگكَيت
Gericht, das	محكمة	گَرِشْت
Geruch, der	الريحة	گَرُح

Gesang, der	غناء	گزَنگ
Geschäft, das	دكان / محل تجاري	گشفت
geschäftlich adj.	تجارية	گشَفتلِح
Geschäftsmann, der	رجل أعمال	گشَفتسمَن
Geschichte, die	تاريخ	گشِشتَ
Geschichte, die	تاريخ	گشِجْتَ
Geschlecht, das	الجنس	گشلَشت
Geschmack, der	الذَوْق	گشمَك
Geschwätz, das / Plauderei, die	الثرثرة	گشوَتس / بلَودَرَيْ
Geschwister, die	الإخوة	دِي, كِشْجَوِستر
Gesellschaft, die	مجتمع	گسَلشَفت
Gesellschaftsordnung, die	النظام الاجتماعي	گسَلشَفتسأُردنُنگ
Gesetz ratifizieren	صَدَّقَ حكما	گسَتس رَتِفِسِيرِن
Gesetz, das	القانون	گسَتس
Gesicht, das	الوجه	گسيشت، دس
Gesichtsausdruck, der	السيما	گسِجتسأَوْسدرُك
Gespräch, das	الحديث	دَسْ،گشْبرِيخْ
Gestaltung, die	تشكيل	گشِطَلتُنگ
Gesundheitsministerium, das	وزارة الصحة	گسُندهيتسمِنِستَارِئُم
Getreide, das	حبوب	گتَرَيدَ
Gewaltenteilung, die	فصل السلطات	گوَلتطَنتَيلُنگ
Gewebe, das	النسيج	گوَابَ
Gewinn, der	ربح	گوِن
Gewinnanteil, der	حصة في الأرباح	گوِنأَنتَيل
gewöhnen	عَوَّدَ	گوِنِنْ
gewöhnlich adj.	عادي	گوُنلِج
Ghasel, das	غزل	غَازَل
Gold, das	ذهب	گلد
Goldschmied, der	صائغ	گلدشِمِيد
Gouverneur, der	محافظ	گوُرنُور

Grab, das	القبر	گرَاب
Grabstein, der	الشواهد	قرَبْشتَيْن
Grad, der	درجة	گرَاد
Grenze, die	الحدود	گرِنسَ
groß adj.	كبير	گرُوس
große Versammlung, die	المجلس الكبير	گرُوس فَرزَملُنگ
Größe, die	الكُبر	گرُوسَ
Größe, die	الكبر	گرُوسَ
Großeltern, die	الجدان	دِي، گرُسأَلْتَرْن
Großhandel, der	تجارة الجملة	گرُوسهَندَل
Grund, der	السبب	گرُنْد
gründen	أَسَّسَ	گرُندَن
Grundschule, die	المدرسة الابتدائية	گرُندشُولَ
gültig adj.	صحيح	گُلتِگ
Gut, das	مال	گُوت
gutheißen	اسْتحْسَنَ	گُوتْهَيْسَن
Gutherzigkeit, die	الصِلاح	گُوتهَرسِگكَيْت
haben	لَدَى	هَبِن
Hals, der	العنق	هالس، در
Hals, der	العنق	حَلس
Hamburg	هامبورغ	
Hammer, der	مطرقة / شاكوش	هَمَّر
Hand, die	اليد	هند، ديگه
Handel treiben	تَاجَرَ	هَنْدَل ترَيبَن
Handel, der	تجارة	هَنْدَل
handeln	تَاجَرَ	هَنْدلْن
Handelsgesellschaft,die	شركة تجارية	هَندَلسگَسَلشَفت
Handelspartner, die	الشركاء التجاريين	هَندِلسبَرتنر
Handelsvertrag, der	عقد تجاري	هندِلسفَرترَاگ

Handlung, die	عمل	هَندُلُنگ
handschriftlich, adj.	خطيٌّ	هَندشِرِفتلِش
Handwerker, der	صاحب حرفة	هَندوَرکَر
Handy	هاتف محمول	هَندِي
Hannover	هانوفر	
hässlich adj.	قبيح,بشع	هَسلِش
Hauptrolle, die	دور رئيسي	هَوبترٌلّ
Hauptstadt, die	عاصمة	حَبتشطَت
Hausaufgabe, die	الواجب المنزلي	هَوْسأَوْفقَابَ
Haut, die	الجلد	هَوت
heben	رَفَعَ	هِبِن
Heft, das	دفتر	هَفت
heiraten	تَزَوّجَ	هَيرَتِن
helfen	سَاعَدَ	هِلفِن
hellhäutig adj.	من ذوي البشرة الفاتحة	هَلهُيْتِگ
Heranwachsende, der	المراهق	هَرَنوَکسَندَ
Herausgeber, der	ناشر	هَرَوسگَابَ
Herde, die	قطيع	هَردَ
Herkunft, die	الأصل	هَارکُنفت
herstellen	صَنَعَ	هَرشِتَلّن
Hersteller, der	صانع	هَرشِتَلُّنگ
Herstellung, die	إنتاج / صنع	هَرشِتَلُّنگ
Herz, das	القلب	هَرس
Hessen	هسن	
Heuchler, der	المنافق	هُيْشلَر
Hilfe, die	المساعدة	دِي,هِيلْفِه
hilfsbereit adj.	مستعد للمساعدة	هِلفسبَرَيْت
Hilfsbereitschaft, die	الإستعداد للمساعدة	هِلفبَرَيْتشَفت
hinauswerfen	طرد	هِنَوسْفِرفَن
Hindi	اللغة الهندية	هِندِ

hinweisen	دَلَّ / أَشَارَ	هِنْوَيْسِن
Hochzeit, die	زفاف	دِي،هُخْزَيْت
Hoden, der	البيضة	هُودَن
Hoffnung, die	الأمل	هُفنُنگ
Hoffnungslosigkeit, die	اليأس	هُفنُنگسلُوسِگكَيْت
Holzkohle, die	ألومنيوم	هُلسكُولَ
hören	سَمِعَ	هُرِن
Hormon, das	الهرمون	هُرمُون
hübsch adj.	جميل	هُبش
Hüfte, die	الجنب	هُفتَ
Hypochonder, der	المراقي	هِبُكُندَر
Idealist, der	المثالي	إدَيَلِست
Illustrierte, die	مجلة مصورة	إلُسْترِيرْتَ
Immunsystem, das	الجهاز المناعي	إمُونسِستِم
Imperium, das	إمبراطورية	إمبَارِيُم
Import, der	استيراد	إمبُرت
importieren	اسْتَوْرَدَ	إمبُرتِيرِن
in die Pension gehen	تَقَاعَدَ	إنْ دي بَنْزِيُون گاهَنْ
in die Rente gehen	تقاعدَ	إنْ دِي رِنْتَ گاهَنْ
Index, der	فهرس	إندَكس
industrialisieren	صَنَّعَ	إندُسترِيلِسِيرِن
Industrie, die	صناعة	إندُسترِي
Industrieanlage, die	منشأ صناعي	إندُسترِيأنلَاگَ
Industriegebiet, das	منطقة صناعية	إندُسترِيگَبِيت
Industriell adj.	صناعيٌّ	إندُسترِيَل
Information, die	المعلومة	إنْفُرمَتسِيُون
informieren	أَعْلَمَ	إنْفُرْمِرنْ
Inhaltsverzeichnis, das	جدول المحتويات	إنهَلتسفَرسَيحنِس
Inlandpost, die	بريد محلي	إنلَندبُسْت
Innenministerium, das	وزارة الداخلية	إنَّنمِنِستَارِئُم

Innenpolitik, die	السياسة الداخلية	إنَنبُلِتِيك
installieren	رَكَّبَ	إنستَلِيرِن
Instandhaltung, die	صناية	إنشطَنتهَلتَن
Institut, das	معهد	إنستِتُوت
Intelligenz, die	الذكاء	إنتَلِگَنس
interessant adj.	مثير للإهتمام	إنتَرِسَنت
international adj.	دولي / عالمي	إنتَرنَتسِئُنَال
Interview, das	مقابلة	إنتَروِيو
investieren	إنوَستِيرِن	إنوَستِيرِن
Investition, die	إنوَستِسِئُون	إنوَستِسِيون
Irrtum, der	الخطأ	إرْتُم
islamische Recht, das	الشريعة الإسلامية	إسلَامِش رِشت
Islamische Republik, die	جمهورية إسلامية	إسلَامِش رِبُبلِيك
jagen	اسطاد	يَاگِن
Jahrestag, der	ذكرى سنوية	يَارِسطَاگ
Jahrgang, der	سنة	يَارقَنگ
Jenseits, das	الآخرة	يَنْزَيتس
Journalist, der	صحفيٌّ	جُورنَلِست
Jubiläum, das	الذكرى	يَبِلَايُم
Jugend, die	الشبيبة	يُوگَند
Jugendlichen, die	الشباب	يُوگَندلِهَن
jung adj.	صغير / فتيٌّ	يُنْگ
Junge, der	الولد	يُنْگَ
Jurist, der	محام	يُرِست
juristisch adj.	قانونيٌّ	يُرِستِش
Justiz, die	قضاء	يُستِيس
Justizministerium, das	وزارة العدل	يُستِيسمِنِستَارِئُم
Juwelier, der	جوهري	يَوَلِير
Kabinett, das	مجلس الوزراء	كَبِنَت

Innenpolitik, die	السياسة الداخلية	إنَنبُلِتيك
installieren	رَكَّبَ	إنستَلِيرِن
Instandhaltung, die	صناية	إنشطَنتهَلتَن
Institut, das	معهد	إنستِتُوت
Intelligenz, die	الذكاء	إنتَلِگَنس
interessant adj.	مثير للإهتمام	إنتَرِسَنت
international adj.	دولي / عالمي	إنتَرنَتسِئُنَال
Interview, das	مقابلة	إنتَروِيو
investieren	إنوَستِيرِن	إنوَستِيرِن
Investition, die	إنوَستِسئُون	إنوَستِسيون
Irrtum, der	الخطأ	إرْتُم
islamische Recht, das	الشريعة الإسلامية	إسلَامِش رِشت
Islamische Republik, die	جمهورية إسلامية	إسلَامِش رِبُبلِيك
jagen	اسطاد	يَاگِن
Jahrestag, der	ذكرى سنوية	يَارِسطَاگ
Jahrgang, der	سنة	يَارقَنگ
Jenseits, das	الآخرة	يَنْزَيتس
Journalist, der	صحفيٌّ	جُورنَلِست
Jubiläum, das	الذكرى	يَبِلَايُم
Jugend, die	الشبيبة	يُوگَند
Jugendlichen, die	الشباب	يُوگَندلِهَن
jung adj.	صغير / فتيٌّ	يُنْگ
Junge, der	الولد	يُنْگَ
Jurist, der	محام	يُرِست
juristisch adj.	قانونيٌّ	يُرِستِش
Justiz, die	قضاء	يُستِيس
Justizministerium, das	وزارة العدل	يُستِيسمِنِستَارِئُم
Juwelier, der	جوهري	يَوَلِير
Kabinett, das	مجلس الوزراء	كَبِنَت
Kalk, der	جير / كلس	كَلك
Kameramann, der	مصوِّر	كَمَرَمَن

Kandidat, der	مرشح	گَندِدَات
Kapital, das	رأس مال	كَبِتَال
Kapitel, das	باب	كَبِيتَل
kaputt machen	كَسَّرَ	كَبُت مَخِنْ
kassieren	حَصَّلَ	كَسِّيرِن
kennenlernen	تَعَرَّفَ	كَنّلَرْنِنْ
Kenntnis, die	المعرفة	گَنتنِس
Kiel	كييل	
Kind, das	الطفل	كِنْد
Kindersendungen, die	برامج أطفال	كِندَرزَندُنگَن
Kindheit, die	التُفولة	كِنْدْهَيْت
Kino, das	سينما	كِينُ
Kino, das	سينما	كِينُ
Kläger, der	مدعى	كلَاگَر
Klang, der	النغمة	كلَنگ
Klartext, der	الوضوح	كَلَرْتَكْس
Klasse, die	فصل	كلَسَ
Klassenlehrer, der	مدرس الفصل	كلَسَنلِرَ
Klavier, das	بيانو	كلَوِير
klein adj.	صغير	كلَيْن
kleiner Junge	الفتى	كلَيْنَرْ يُنْگَ
Klingelton, der	رنة هاتف	كلِنگَلتُون
klingen	رَنَّ	كلِنگَن
Knappheit, die	ضيق / شح / ندرة	كنَبهَيت
Knie, die	الركبة	كنِيْ
Knochen, der	العظمة	كنُخِن
Koalition, die	الائتلاف	كُؤَلِسيُون
kochen	طَبَخَ	كُخِن
Kohle, die	فحم	كُولَ
Kolonie, die	مستعمرة	كُلُنِي

kommen	أَتَى	كُمَّن
Kommentar, das	تعليق	كُمَنطَار
Kommission, die	لجنة	كُمِسِّيون
Komödie, die	كوميديا	كُمُودِي
komponieren (Teile)	لَحَّنَ	كُمبُنِيرِن
Komposition, die (Lied)	تلحين	كُمبُزِتسِيون
Kondition, die	الشرط	كُندِسِيون
Konferenz, die	مؤتمر/ ندوة	كُنفَرَس
Konflikt, der	النِزاع	دِر، كُنْفلِيكْت
Königreich, das	مملكة	كُونكرَيش
Konjunkturflaute, die	الانكماش الاقتصادي	كُنيُنكتُورفِلَوتَ
konkretisieren	خَصَّصَ	كُنْكرِتسِرن
konkurrieren	نَافَسَ	كُنكُرِيرِن
können	اسْتَطَاعَ	كُنَّن
Konstruktion, die	إنشاء	كُنستْرُكسِئُون
Konsument, der	مستهلك	كُنزُمَنت
Kontakt, der	الاتصال	دِر،كُنْتَاكْت
Konto eröffnen	فتح حساب	كُنتُ أرءُفنَن
Konto, das	حساب	كُنتُ
Konzentration, die	تركيز	كُنسَنترَسِئُون
Konzept, das	مفهوم	كُنسَبت
Konzert, das	حفلة موسيقية	كُنسَرت
Konzession, die	امتياز	كُنسَسِّؤُون
Kopf, der	الرأس	كُبف
Kopfhaar, das	الشعر	كپفهار، دس
Kopie, die	نسخة	كُبِي
Korn, das	حبة	كُرن
Körper, der	البدن	كُربَر
Korrekturlesen, das		كُركتُورلَازَن
kosten	كَلَّفَ	كُستَن

kräftig adj.	قوي	كرفتِگ
krank sein	يكون مريضا	كرَنك سَين
kratzen	خَمَشَ	كرَتزِن
Kreativität, die	الإبداع	كرِيَتِوتِت
Kredit, der	قرض	كرِدِيت
Kreide, die	طباشير	كرَيْدَ
Kriegsherr, der	أمير الحرب	كرِيگسهَار
kritisieren	نَقَدَ	كرِتِسِرَنْ
Kulturministerium, das	وزارة الثقافة	كُلتُورمِنِستَارِئُم
kündigen	أَلْغَى	كُندِگَن
Kunst, die	فن	كُنست
Kunstwerk, das	العمل الفني	كُنستوَرك
Kupfer, das	نحاس	كُبفَر
Kurs, der	دورة	كُورس
kurzfristig adj.	قصير الأجل،عاجل	كُرْسفِرِسْتِگ
Kurzgeschichte, die	القصة القصيرة	كُرسگَشِجْتَ
küssen	قَبّلَ	كُ⊠سَّن
Labor, das	مُختبَر	لَبُور
lachen	ضَحِكَ	لَخِن
Ladenbesitzer, der		لَادَنبَزِتسَر
Lage, die (Stimmung)	الحالة	لَكِ
Land, das	بلد	لَند
Landwirtschaft, die	زراعة	لَندوِرتشَفت
langfristig adj.	طويل المدى	لَنگفِرستِگ
Lärm, der	الضوضاء	لَرم
lärmen	فَرْقَعَ	لَرمَن
laufen	جَرَى	لَوْفِن
Laut, der	الصوت	لَوْت
Leben, das	الحياة	لِبَنْ

Lebensende, das	نهاية الحياة	لَابَنسأَنْدَ
Lebensweise, die	طريقة الحياة	لَبَنْسْوَيْزَ
Leber, die	الكبد	لَابَر
legen	وَضَعَ	لِگَن
Lehrbuch, das	كتاب تعليميّ	لَاربُوح
Lehrer, der	مدرس	لِرَ
Lehrplan, der	منهج التعليم	لَاربلَان
Leib, der	الجسد	لَيْب
Leichnam, der	الجثة	لَيشنَام
Leid, das	الأذى	لَيْد
leihen	أَعَارَ	لَيْهِنْ
Leistung, die	قدرة	لَيستُنگ
leiten	رَأَسَ	لَيتَن
Leiter, die	سلّم	لَيتَر
Leitung, die	خط	لَيتُنگ
Lektion, die	درس	لَكسيون
lernen	تَعَلّمَ	لِرْنِن
lesen	قَرَأَ	لِسِن
Leser, der	قارئ	لِسَر
Leute, die	الناس	دِي, لُيْتِ
Lieferant, der	مورِّد	لِيفَرَنت
Lieferung, die	تسليم	لِيفَرُنگ
Lineal, das	مسطرة	لِنيَال
Lippe, die	الشفة	لِبُّ، دي
Lizenz, die	رخصة	لِسَنس
Lobbyismus, der	ضغط سياسي	لُبِئسمُس
Lobbyist, der		لُبِئست
loben	أَثْنَى / مَدَحَ	لُبِنْ
Lösungsweg, der	طريقة الحل	لُسُكسوكْ
Loyalität, die	الولاء	لُيَلِتت

Luftpost, die	بريد جوي	لُفتبُست
Lunge, die	الرئة	لُنگَ
machen	فَعَلَ	مَاخن
Mädchen, das	البنت	مَدشَن
Magdeburg	ماغدبورغ	
Magen, der	المعدة	مَاگَن
magnetisch adj.	مغنطيسيٌّ	مَگنَاتِش
mähen	حَشَّ	مَاهَن
Mahnung, die	الإنْذار	مَنُنْك
Mahnung, die	إنذار	مَانُنگ
Mainz	ماينز	
Malerei, die	فن الرسم	مَالَرَي
Management, das	إدارة	مَنجمَنت
Manager, der	مدير	مَنَجَر
Mandat, das	تفويض / ولاية	مَندَات
Manier, die	الأدب	مَنِيَ
Mann, der	الرجل	مَن
männlich adj.	مذكر	مَنلِش
manuell adj.	يدويٌّ	مَنُول
Manuskript, das	مخطوطة	مَنُسكِرِبت
Markierstift, der	(علامة (قلم	مَركِيرشِتِفت
Markt, der	سوق	مَركت
Marktwirtschaft, die	إقتصاد السوق	مَركتوِرتشَفت
Maschinen, die	آلة / ماكينة / مكنة	مَشِينَن
Massenmedien, die	وسائل الإعلام الجماهيرية	مَسَّنمِدِئَن
Massenproduktion, die	إنتاج كبير / بالجملة	مَسَّنبرُدُكسِئُون
Maßnahme, die	الإجراء	مَسْنَم
Materialist, der	المادي	مَترِيَلِست
Mathematik, die	الرياضيات	مَتَمَتِيك

Mecklenburg-Vorpommern	ميكلينبورغ-فوربومرن	
Medien, die	وسائل الإعلام	مِدِين
Mehrheit, die	أغلبية	مَرهَيت
Meinung, die	الرأي	مَيْنُنْك
Meinungsfreiheit, die	حرية التعبير	مَينُنگسفرَيحَيت
Meister, der		مَيستَر
melancholisch adj.	سوداوي	مَلَنكُولِش
Melodie, die	لحن	مِلُدِي
Mensch, der	الانسان	مَنش
Menschenverstand, der	العقل	مَنشَنفَرشطَنت
Mentalität, die	العقلية	مَنتَلِتِت
Messing, das	نحاس أصفر	مَسِّنگ
Metallindustrie, die	صناعة المعادن	مَطَلإندُسترِي
Metzger, der	جزار / قصاب / لحام	مَتسگَر
Minister, der	الوزير	مِنِستَر
Ministerium, das	وزارة	مِنِستَارِئُم
mitarbeiten	تَعَاوَنَ	مِتأَربَيتَن
Mitarbeiter der	مساعد	مِتئَربَيتَر
Mitarbeiter der	مساعد	مِتئَربَيتَر
Mitgefühl, das	الرحمة	مِتگَفُول
mitnehmen	أَخَذَ معه	مِتْنِمَنْ
Mitschüler, der	زميل بالمدرسة	مِتشُولِر
mittlere Alter, das	متوسط العمر	مِتْلَرَ أَلْتَرْ
Moderator, der	مقدِّم	مُدَرَاتُر
montieren	رَكَّبَ / جَمَّعَ	مُنتِيرِن
Mord, der	القتل	مُرْد
Mörder, der	القاتل	مُرْدَرْ
Mosaik, der	فسيفساء	مُزَئِك
Mühe, die	جهد	مُوهَ

München	ميونخ	
Mund, der	الفم	موند، در
Museum, das	متحف	مُزَيُم
Musik, die	موسيقى	مَزِيك
Muskel, der	العضلة	مُسكَل
Mutter, die	الأم	دِي ،مُتَّى
Nabel, der	السرة	نَابَل
Nachbar, der	الجار	دِر،نَخْبَرْ
Nachbarland, das	بلد وجاور	نَخْبَرلَند
Nachfrage, die	الطلب	نَخفرَاگَ
Nachname, der	اسم العائلة	نَاخنَامَ
Nachricht, die	نشرة الأخبار	نَخرِشت
nachsichtig, die	متسامِح	نَخسِشتِگ
Nagel, der	الظفر	نَاگَل
Nagel, die	مسمار	نَاگَل
nähen	خَيّطَ	نِيهِن
naiv adj.	ساذج	نَئِيف
Narzissmus, der	النرجسية	نَرسِسمُس
Nase, die	الأنف	ناز، دى
Nasenbein, das	العظم الأنفي	نَاسَنبَيْن
national adj.	وطني	نَتسِئُونَال
Nationale Einheitsregierung	حكومة وحدة وطنية	نَتسِيُنَالَ أينهيتسرِگيرُنگ
Nationalhymne, die	نشيد وطني	نَتسِئُنَالهِمنَ
Nationalität, die	جنسية	نتِيُنَلِتِتْ
Neffe, der	ابن	دِر,نفٌ
nehmen	أَخَذَ	نِيمِن
Nerv, der	العصب	نَرف
Nerv, der	العصب	نَرف
nett adj.	مليح / حلو / لطيف	نَت
Netto	صاف	نَتٌ

neutrale Staat, der	الدولة المحايدة	نَيترَالَ شطَات
Nichte, die	بنت الأخ / بنت الأخت	دِي, نِيشتَ
Niedersachsen	ساكسونيا السفلى	
Niere, die	الكلية	نِيرِ
Niveau, das	مستوى	نِوُو
Nomade, der	بدوي	نُمَادَ
Nordrhein-Westfalen	شمال الراين - وستفاليا	
Note, die	نوتة	نُوتَ
Notiz, die	مذكرة	نُتِيتس
Nummer, die	رقم	نُمَر
Oberste Gerichtshof, der	المحكمة العليا	أوبَرستَ گرِجتسهُوف
Ofen, der	مدفأة	أُوفَن
Offenheit, die	الصراحة	أُفَنهَيت
offensichtlich adj.	بوضوح	أُفُنسِشْتِلِشْ
öffentliche Schule, die	المدرسة الحكومية	أُفَنتلِش شُولَ
öffnen	فَتَحَ	أ⊠ففنِن
Ohr, das	الأذن	أر، دس
Oma, die	الجدة	دِر أُما
Opa, der	الجد	دِر أُبا
Opportunist, der	الإنتهازي	أُبرتُنِست
Opposition, die	معارضة	أُبُستِسؤُون
Optimismus, der	التفاؤل	أُبتِمِسمُس
Optimist, der	المتفائل	أُبتمِسْت
optimistisch adj.	تفاؤلي	أُبتِمِستِش
Ordnung, die	ترتيب	أُردنُنگ
Organ, das	العضو	أُرقَان
Organisation, die	تنظيم	أُرقَنِسَتسِيُون
organisieren	نَظَّمَ	أُرْگَنِسِرِنْ
Ouvertüre, die	افتتاحية	أُوَرتُورِ
Päckchen, das	طرد صغير	⊠⊠⊠⊠⊠⊠⊠⊠

Päckchen, das	طرد صغير	بَكشِن
Parade, die	استعراض	بَرادَ
Paragraph, der	فقرة	بَرَگَراف
Parfüm, das	العِطْر	بَرفُوم
Parlament, das	مجلس النواب	بَرلَمَنت
Partei, die	الحزب	بَرتَيْ
Paschto	اللغة البشتوية	بَشتُ
Pause, die	فسحة	بَوْزَ
Pazifist, der	المسالم	بَسِفِست
Pensionär, der	المتقاعد	بَنْزِئيُنِر
Perfektionist, der	المحسِن	بَرفَكتسِيُنِست
Person, die	الشخص	بَرسُون
Person, die	فرد	بَرزُون
Pessimist, der	المتشائم	بَسِمِست
Philantrop, der	المحسن	فِلَنترُوب
Physik, die	علم الطبيعة / فيزياء	فِزِيك
Pinsel, der	فُرشة	بِنزَل
Plan, der	الخِطَّة	بَلَنْ
planen	خَطَّطَ	بَلَنِنْ
plaudern	دَرْدَشَ	بَلَوْدِرْن
Poesie, die	شعر	بُوَزِي
Politik, die	سياسة	بُلِتِيك
Politik, die	سياسة	بُلِتِيك
Politiker, der	سياسي	بُلِيتِكَر
politische Aktion, die	العمل السياسي	بُلِيتِشَ أكسِئُون
politische Macht, die	السلطة السياسية	بُلِيتِشَ مَحت
Porto, das	أجرة بريد	بُرتُ
Portrait, das	صورة نصفية	بُرتِرِي
Post, die	بريد	بُست

Postfach, das	صندوق البريد	بُستفَخْ
Postgebühren, die	رسوم بريدية	بُستگبُورِن
Postkarte, die	بطاقة بريدية	بُستكَرتَ
Postleitzahl, die	رقم بريدي	بُستلَيتسَال
Poststempel, der	ختم البريد	بُستشِتَمبَل
Potsdam	بوتسدام	
praktisch adj.	عمليٌّ	برَكتِش
Präsentation, die	عرض	برِزَنطَسيُون
Präsident, der	رئيس	برِزِدَنت
Preis, der	جائزة	برَيس
Preis, der	سعر,ثمن	برَيس
Privatisierung, die	خصخصة	برِوَتزِيرُنگ
Privatschule, die	المدرسة الخاصة	برِوَاتشُولَ
proben	تَمَرَّنَ	برُوبَن
probieren	جَرَّبَ	برُبِيرِن
Problem, das	المشكلة	بُرُبْلِمْ
Produktionsmittel, das	وسائل الإنتاج	برُدُكسِيُونسمِتَّل
Produktionsstätte, die	مصنع	برُدُكسِيُونسشِتَتَّ
Produzent, der	منتج	برُدُسَنت
produzieren	صَنَعَ	بُرُدُتزِيرِن
Professor, der	أستاذ	برُفَسُر
Profit, der	الرّبح	برُفِيت
Programm, das	برنامج	برُگرَام
Projekt, das	مشروع	برُيَكت
Propaganda, die	دعاية,بروباغندا	برُوبَگَندَ
Prospekt, das	منشور	برُسبَكت
protestieren	احْتَجَّ / اعْتَرَضَ	بُرُتَسْتِرن
Protokoll, das	بروتوكول	برُتُكُل
Provinzregierung, die	الحكومة المحلية	برُوِنسرِگِيرُنگ
Provision, die	عمولة	برُوِسِيُن

Prozess, der	محاكمة	برُسَس
Prüfung, die	امتحان	برُوفُنگ
Pubertät, die	المراهقة	بُوْبَرْتِت
Publikum, das	الجمهور / المشاهدون	بُبلِکُم
Publikum, das	الجمهور / المشاهدون	بُبلِکُم
publizieren	نشر	بُبلِسِيرِن
publizieren	نَشَرَ	بُبلِسِيرِن
Putsch, der	انقلاب	بُتش
qualifiziert adj.	مأهَّل	كُولِفِسِرت
Rabatt, der	خصم	رَبَت
rachsüchtig adj.	انتقامي	رَحسُهتِگ
radieren	مَحَا	رَدِيرن
radikal adj.	متطرِّف	رَدِكَال
Radio, das	راديو	رَادِئُو
Rat, der	مجلس	رَات
Rate, die	قسط	رَاتَ
Ratschlag, der	النصيحة	رَتْشَلَكْ
rechnen	حَسَبَ	رِشنِن
Rechnung, die	حساب	رِشنُنگ
Recht, das	الحق	رِشت
rechtmäßig adj.	مشروع	رِشتسمَاسِگ
Rechtsprechung, die	القضاء	رِشتشبرِحُنگ
Rechtssystem, das	نظام حقوقي	رِشتسِّستَام
rechtswidrig adj.	مخالف للقانون	رِشتسوِدرِگ
Regie, die	إخراج	رَجِي
Regierung, die	حكومة	رِگِيرُنگ
Regionalregierung, die	الحكومة الإقليمية	رِگِئُنَالرِگِيرُنگ
Religion, die	دين	رِلِگيون
religiöse Schule, die	المدرسة الدينية	رِلِگيوز شُولَ

rennen	رَكَضَ	رِنَّن
Rente, die	التقاعُد	رِنْتَ
Rentner, der	المتقاعد	رِنْتْنَر
reparieren	صَلَّحَ	رِبَرِيرِن
reparieren	صَلَّحَ / رَمَّمَ	رِبَرِيرِن
Republik, die	جمهورية	رِبُبلِيك
Respekt, der	الاحترام	دِر،رِسْبَكْت
Ressource, die	مورد	رِسُورسَ
rezensieren	نَقَدَ	رَسَنزِيرِن
Rheinland-Pfalz	راينلاند - بالاتينات	
Rhythmus, der	إيقاع	رِتمُس
Richter, der	قاضٍ	رِشتَر
richtig adj.	صحيح	رِشْتِكْ
Roheisen, das	حديد خام	رُووَيزَن
Rohstoff, der	مادة أولية	رُوشتُف
Rolle, die	دور	رُلَّ
Roman, das	رواية	رُمَان
Romantik, die	الرومانتيكية	رُمَنتِك
Rücken, der	الظهر	رُكَن
Rücken, der	الظهر	رُكَن
Rücksichtslosigkeit, die	بدون المبالاة	رُكسِجتسلُوسِگگَيت
Rücktritt, der	استقالة	رُكترِت
ruhig adj.	هادئ / ساكن	رُهِگ
ruhig adj.	ساكن	رُهِگ
Russisch	اللغة الروسية	رُسِش
rutschen	تَزَحْلَقَ	رُتْشِن
Saarbrücken	ساربروكن	
Saarland	سارلاند	
Sachbücher, die	كتب متخصصة	زَخْبُوشَر
Sachsen	ساكسونيا	

Sachsen-Anhalt	سكسونيا-أنهالت	
säen	بَذَرَ	زَاءَن
Sage, die	أسطورة	صَاگَ
Säge, die	منشار	زَاگَ
sagen	قَالَ	سَاگِن
Samen, der	المني	سَامَن
Samen, der	بزر	زَامَن
sammeln	جَمَعَ	سَمَّلْن
Sammlung, die	مجموعة	زَملُنگ
Säugling, das	الرضيع	دَس,سُيْكِلينك
Schäfer, der	راعي غنم / غنام	شِفَر
Schamgefühl, das	الحيى	شَامْكِفُول
Scharia, die	الشريعة	شَرِئَ
schätzen	قَدَّرَ	شَتْزِنْ
Schatzmeister, der	أمين الصندوق	شَتسمَيستَر
Schauspieler, der	ممثل	شَوشبِيلَر
Schauspielerin, die	ممثلة	شَوشبِيلَرِن
Scheidung, die	الطلاق	دِي,شَيْدُونْك
schenken	أَهْدَى	شَنْكِن
schildern	وَصَفَ	شِلْدَرْن
schlafen	نَامَ	شلَفِن
schlagen	ضَرَبَ	شَلَگِن
Schlagzeile, die	عنوان عريض	شلَگسَيلَ
Schleswig-Holstein	شليسفغ هولسشتاين	
schließen	أَغْلَقَ	شليسِن
schlussfolgern	اسْتَنْتَجَ	شُلُسْفُلْكَرْن
schmecken	ذَاقَ	شمَكَن
Schmerz, der	الوجع	شمَرْس
schneiden	قَطَعَ	شنَيدِن
Schnur, die	خيط	روُنْش

Sohn, der	الابن	دِر، سُون
Soldat, der	جندي	سُلدَات
Solidarität, die	التضامن	دِي،سُلِدَرِدتْ
Sorte, die	النوع	سُرْتِ
Soziollogie, die	علم الاجتماع	زُسِيُلُكِيْ
Spannung, die	التَشْوِيق	دِي، شبنُّونْك
sparen	وفَر	شبَارِن
Sparkonto, das	حساب التوفير	شبَاركُنتُ
Spaß, der	المُتْعَة	دِر، شَبَسْ
Speichel, die	الريق	شبَيْهَل
Speiseröhre, die	المَرِيء	شبَيْزَرُورِ
Spekulation, die	مضاربة	شبَكُلَسِئُون
spicken	نَقَلَ	شبِكَن
spielen	لَعِبَ	شبِيلِن
spontan adj.	عَفْوِيٌّ	شُبُنْتَنْ
Sport, der	رياضة	شبُورت
Sprache, die	لغة	شبرَاخُ
Sprecher, der	مذيع	شِبرِشَر
Staat, der	دولة	شطَات
Staatsbürgerschaft, die	التَبَعِية	شطَاتسبُرگَرشَفت
Staatschef, der	رئيس الدولة	شطَاتسشَف
Staatsregierung, die	حكومة الولاية	شطَاتسرِگِيرُنگ
Staatswesen, das	كيان سياسي	شطَاتسوَاسَن
Stahlwerk, das	مصنع الصلب	شِطَالوَرك
Stall, der	زريبة	شطَل
Stamm, der	القبيلة	دِر،شتَمْ

Standpunkt, der	وجهة النظر	شَتَندبُنْكت
Stärke	القوة	شتَرْكِ
stehen	وَقَفَ	شتِهِن
Steinkohle, die	فحم حجري	شطَينكُولَ
Stellung, die	مكانة	شتَلُّنگ
sterben	مات يموت	شتَرْبَنْ
sterblich adj.	فَانٌ / هالك	شتَربلِج
Steuer, die	ضريبة	شتَيئَرَ
Steuer, die	ضريبة	شتَيُر
Steuer, die	ضريبة	شتُيَر
Steuerhinterziehung, die	التهرب من الضريبة	شتَيئَرهِنتَرسِيئُنگ
Stift, der	قلم	شتِفت
Stimme, die	الصوت	شتِمً
Stimmung, die	المزاج	شتِمُنگ
Stipendium, das	منحة دراسية	شتِبَندِئُم
Stirn, die	الجبين	،شتيرن
Stirnbein, das	العظم الجبهي	شتِرنبَيْن
Streik, die	إضراب	شتَرَيك
Streit, der	النزاع	شَتَرَيْت
strikt, streng adj.	بَاتٌّ / صَارم	شترِكت
Student, der	طالب	شتُدَنت
Studiengebühren, die	رسوم التعليم	شتُودِئَنگَبُورِن
Stufe, die	درجة	شتُوفَ
Stuhl, der	كرسيّ	شتْول
Stunde, die	درس	شتُندَ
stur adj.	عنيد	شتُور

Stuttgart	شتوتغارت	
suchen	بَحَثَ	سُخِن
Szene, die	مشهد	سِنَ
Tafel, die	سبورة / لوحة	طَافَل
Tagebuch, das	يوميات	طَاگَبُوح
Tagelöhner, der	عامل مياومة	طَاگَلُونَر
Taille, die	الخصر	تَيلل، دي
Talent, das	موهبة	طَلَنت
Tante, die (mütterlicherseits)	الخالة	دِي,تَاَنْته
Tante, die (väterlicherseits)	العمة	دِي,تَانتَه
Tanz, der	رقص	طَنس
Tasche, die	حديقة	تَشِ
Taschenbuch, das	كتاب جيب	طَشَنبُوح
Tätigkeit, die	النشاط	تِتِيكْكَيْت
Technik, die	تقنية	تَشنِك
Technik, die	تكنيك / تقنية	تَشنِيك
Technische Hochschule, die	مدرسة عليا	تَهنِش حُوهشُولَ
Technologie, die	تكنولوجيا	تَشنُلُگِي
Teil, das	قطعة	طَيل
teilnehmen	شَارَكَ	تَيْلنِمن
Telefon, das	هاتف / تليفون	تَلَفُون
Telefonauskunft, die	الاستعلامات الهاتف	تَلَفوناَوسكُنفت
Telefonbuch, das	دليل الهاتف	تَلَفُونبُوح
Telefonkarte, die	بطاقة هاتفية	تَلَفُونكَرتَ
Telefonnummer, die	رقم الهاتف	تِلفُنُمَّر

Text, der	النص	تَكست
Theater, das	مسرح	تيَاتَر
Thema, das	موضوع	تِيمَ
Thüringen	تورنغن	
Tippfehler, der	خطأ كتابي	تِبفَالَر
Tischler, der	نجار	تِشلَر
Titel, der	العنوان	تِيتَل
Titelseite, die	الصفحتها الرئيسية	تِيتَلزَيتَ
Tochter, die	البنت	دِي تُختَرْ
Toleranz, die	التسامح	تُلَرَنس
tolerieren	سمح	تُلَرِيرن
Ton, der	اللهجة	تُون
Ton, der	صوت	تُون
Totenbett, das	فراش الموت	تُوتَنْبَت
tragen	حَمَلَ	ترَگن
Tragödie, die	مأساة	ترَگُودِي
Tragödie, die	مأساة	ترَگُودِي
transparent adj.	شَفَّاف	تَرَنْسبَرَنْت
Trauer, die	الحزن	ترَوْوَر
Trauung, die	عقد القِران	دِي، تَرَوُنْك
Trauzeuge, der	الشَبين	دِر،تَرَوْزُيْكَ
treffen	لَقِيَ	تَرَفَّنْ
Treffen, das	لقاء	ترِفَّن
Trennung, die	الفصل	دِي،تَرَنّونْك
Treue, die	الإخلص / الوفاء	ترُيْئَ
trinken	شَرِبَ	ترِنكِن

Trommel, die	طبلة	ترُمَّل
Typ, der	النَوْع	تِيب
üben	مَارَسَ	أُبِن
Überblick, der	ملخص	أُبَربِلِك
Übergabe, die	تسليم	أُبَرقَابَ
übernehmen	تَسَلَّمَ	أُبَرنِيمَن
überraschen	فَاجَأَ	أُ⊠برَّشِن
Übersetzen, das	ترجم	أُبَرسَتسَن
überweisen	حَوَّلَ	أُ⊠بَرْوَيسِن
Überweisung, die	تحويل	أُوبَروَيزُنگ
überzeugen	أَقْنَعَ	أُبِرْزُيكِن
überzeugen	أَقْنَعَ	أُبَرسُيگَن
Überzeugung, die	الإقتناع	أُبَرْزُيْكُنْك
Übung, die	تمرين	أُوبُنگ
Umgang, der	التعامُل	أُمْكَنْك
Umsatz, der	مبيعات	أُمصَتس
unabhängige Staat, der	الدولة المستقلة	أُنؤَبهَنكِگَ شطَات
Unabhängigkeit, die	استقلال	أُنؤَبهَنكِگكَيت
unattraktiv adj.	عير جذاب	أُنؤَترَكتِيف
unbegabt adj.	غير موهوب	أُنْبِكَبْت
unerfahren adj.	غشيم	أُنأَرفَارِن
unfair adj.	غير عادل	أُنفِرْ
ungerecht adj.	ظالم	أُنكِرَشْت
Ungerechtigkeit, die	ظلم	أُنگَرِحتِگكَيت
ungezwungen adj.	غير مجبر	أُونْگِزْفُنْگُنْ
Universität, die	جامعة	أُنِوَرزِتَات

unordentlich adj.	غير منتظم / مهمَل	أنوُرِدَنتلِح
Unpünktlichkeit, die	التأخُّر	أنبُنكتلِجكَيت
Unschuld, die	براءة	أنشُلد
unterbrechen	قَطَعَ	أُنْتبرَشِنْ
Unterhaltung, die	المحادثة	دِي, أونتَرْهَلْتُونگ
unternehmen	قَامَ	أُنْتَرْنِمِنْ
Unternehmen, das	مؤسسة	أُنترنَامَن
Unterrichtstunde, die	درس	أُنتَرِشتسشتُندَ
unterschreiben	وَقَّعَ	أُنتَشرَيْبِن
unterschreiben	وَقَّعَ / أَمْضَى	أُنتَرشَرَيبَن
unterstellen	نَسَبَ(ه) زورا	أُنْتَرْشِتِلَّنْ
untreu adj.	خائن	أُنترُيْ
Unzuverlässigkeit, die	بدون الأمانة	أنسُفَرلَسِگكَيت
Urheberrecht, das	حقوق التأليف	أُرهِبَرْرَشت
Urteil, das	حكم	أُرتَيل
Vater, der	الأب	دِرْ فَاتِر
verabreden	تَوَاعَدَ	فَرْأَبْرِدِنْ
verabschieden	وَدَّعَ	فَرْأبشِدِن
verachten	احْتَقَرَ	فَرأَختَن
verändern	غَيَّرَ	فَرْأَنْدِرْن
Veranstaltung, die	إقامة	فَرأنشطَلطُنگ
verantwortungsbewusst adj.	مسؤول	فَرأنتوُرتُنگسبَوُست
verbessern	صَحَّحَ	فَربَسَرن
verbinden	رَبَطَ	فرْبِنْدِنْ
Verbindung, die	الصلة / الارتباط	دِي,فَرْبِنْدُونْگ
Verbrechen, das	جناية	فَربرِشِن

verfahren	تصرف	فَرفَارِن
Verfahren, das	عملية	فَرفَارِن
Verfassung, die	دستور	فَرفَسُنگ
verfügen	مَلَكَ	فَرفُكِن
verhalten	سَلَكَ	فَرهلتَن
Verhalten, das	التصرف,السلوك	فَرهلتَن
Verhältnis, das	العلاقة	دَس، فَرْهِلْتِنِسْ
verhandeln	فَاوَضَ	فرْهَنْدِلْن
verkaufen	بَاعَ	فَركَوفِن
Verkäufer, der	بائع	فَركُيْفَر
Verlag, der	دار النشر	فَرلَاگ
verlassen	تَرَكَ	فَرْلَسَّنْ
verleihen	أعار	فَرلَيهَن
verlieben	وقع في حبها	فَرْلِيبَنْ
Verlobung, die	الخِطبة	دِي,فَرْلُوبُونْك
Verlobungsring, der	خاتم الخِطبة	دِر،فَرْلُبُونْكُسْرِينْك
Verlust, der	خسارة	فَرلُست
vermeiden	تَجَنَّبَ	فَرْمَيْدِن
vermieten	أجَرَ	فَرمِيتَن
Vermögen, das	مال,ثروة	فَرمُوگَن
Veröffentlichung, die	النشر	فَرأُفَّنتلِشُنگ
Verpflichtung, die	التزام	فَرفلِشتُنگ
verraten	خَانَ	فَرَّتِنْ
versammeln	جَمَعَ	فَرصَمَّلن
Versammlung, die	اجتماع	فَرزَملُنگ
Versammlungsfreiheit, die	حرية التجمع	فَرسَملُنگسفرَيحَيت

versetzt werden	تَرَفَّعَ	فَرسَتست وَاردَن
Versicherung, die	تأمين	فَرزِشَارُنگ
Versicherung, die	تأمين	فَرسِشَرُنگ
versprechen	وَعَدَ	فَرْشِبَرِخِن
Verstaatlichung, die	تأميم	فَرشِطَاتلِشُنگ
verständlich adj.	مفهوم	فَرْشَتَنْدَلِشْ
verstehen	فَهِمَ	فَرشِتِهن
versuchen	حَاوَلَ	فَرسُخِن
verteidigen	دَافَعَ عن	فَرْتَيْدِيگن
Verteidiger, der	المدافع	فَرتَيدِگَر
Verteidigungsministerium, das	وزارة الدفاع	فَرتَيدِگُنگس مِنِستَارِئُم
vertiefen	تعمق	فَرتِيفَن
Vertrag, der	عقد	فَرتَرَاگ
vertrauen	وَثِقَ	فَرْتَرَونْ
Vertrauen, das	الثِقَة	دَسْ، فَرْتَرَوَن
Vertreter, der	ممثل / وكيل	فَرترِيتَر
Vertretung, die	نيابة	فَرترِيتُنگ
Vertrieb, der	تصريف	فَرترِيب
Verurteilung, die	الحكم عليه	فَرأُرطَيلُنگ
verwalten	أَدَارَ	فَروَلتَن
Verwandte, die	ذو القربى	دِي،فِرْوَنْدتِ
verwenden	اسْتَخْدَمَ	فَرْوِنْدِنْ
verwitwet	أرْمَل	فَرْفِتوِتْ
verzichten	تَنَازَلَ	فَرسِشتَن
Vieh, das	ماشية	فِيه
Viehzucht, die	تربية الماشية	فِيسُخْت

Visitenkarte, die	بطاقة الأعمال	وِزِيتَنكَرت
Vizepräsident, der	نائب	وِيسَبرِزِدَنت
Vokabel lernen	تَعَلَّمَ مفردات الكلمات	وُكَابَل لَرنَن
Volk, das	الناس	فُلك
Volksrepublik, die	جمهورية شعبية	فُلكسرِبُبلِيك
vollkommen adj.	كامل	فُلْكُمُنْ
Vollmacht erteilen	وَكَّلَ	فُلمَخْت أرتَيلَن
Vollmacht, die	التوكيل	فُلمَخْت
vorbereiten	أَعَدَّ	فرْبِرَيْتِن
Vorbereitung, die	الإعداد	فُرْبِرَيْتُنْك
Vorgang, der	عملية	فُرگَنگ
Vorgehen, das	إجراء	فُرگَهَن
Vorname, der	اسم	فُورنَامَ
vorschlagen	اقْتَرَحَ	فُرْشَلَكِن
Vorschule, die	مدرسة الحضانة	فُرشُولَ
vorsichtig sein	حَذِرَ	فُرسِشتِيش سَين
Vorteil, der	الفائدة	فُرتَيْل
Vorwahlnummer, die	رقم المنطقة	فُروَلْنُمَر
vorwerfen	عاتَبَ	فُرْفَرْفِنْ
Vorwort, das	المقدمة	فُروُرت
wachsen	نَمَا	وَكْسِن
wachsen	صَبِيًّ	وَكسَن
Wachstum, das	نمو	وَكستُوم
wagen	جَرُؤَ	وَكِنْ
wählen	اخْتَارَ	وِيلِن
Wahlen, die	انتخابات	وَالَن

wahrnehmen	أَحَسَّ	وَارنَامَن
Währung, die	عملة	وَارُنگ
Waise, die	اليتيم	وَيْزَ
Ware, die	بضاعة	وَارِ
warten	انْتَظَرَ	وَرْتِنْ
Warteraum, der	غرفة الانتظار	وَرتَروم
Wechseljahre, die	السن اليأس	وَكسَلْيَارِ
wechseln	غَيَّرَ	وَكْسِلْن
wegnehmen	أَزَاحَ	وِكَنِمِن
wehen	هَبَّ	وِهِن
weiblich adj.	مؤنث	وَيْبلِح
Weide, die	مرعى	وَيدَ
Weise, die	الأسلوب	وَيْزِ
weitermachen	اسْتَمَرَّ	فَيْتَرمَخِن
Weltmarkt, der	السوق العالمية	وَلتمَركت
Weltwirtschaft, die	الاقتصاد العالمي	وَلتورتشَفت
Werbung, die	دعاية	وَربُنگ
werden	أَصْبَحَ	وِردِن
werfen	رَمَى	ورفِن
Werkstatt, die	ورشة	وَركشِطَت
Wettbewerb, der	مسابقة	وَتبَوَرب
wiederholen	كَرَّرَ	وِيدَرْهُولَن
Wiederholung, die	تكرير	وِدَرهُولُنگ
Wiesbaden	فيسبادن	
Wiese, die	مرج	وِيزَ
Wimper, die	الرمش	ويمپر، ديگه

Wirbelsäule, die	العمود الفقاري	وِربَلزُيْلَ
Wirtschaft, die	اقتصاد	وِرتشَفت
Wirtschaftspolitik, die	السياسة الاقتصادية	وِرتشَفتسبُلِتِيك
wissen	عَرَفَ / عَلِمَ	وِسَّنْ
Wissenschaft(en), die	العلوم	(وِسَنشَفت(َن
Wissenschaftler, der	عالم	وِسَّنشَفتلَار
wissenschaftlich adj.	علميٌّ	وِسَّنشَفتلِشْ
Witwe, die	الأرمَلة	دِي،وِيتْوَرْ
Wohlgeruch, der	العبق	وُولگَرُح
Wohnort, der	محل الإقامةالسكنى	وُنأُرت
wollen	أَرَادَ	وُلَّن
Wörterregister, das	سجل الكلمات	وُرتَرَگستَر
wünschen	رَغِبَ	وُنشَن
Wut, die	الغيظ	وُتْ
zahlen	دَفَعَ	زَلِنْ
zählen	عَدَّ	زِلِنْ
Zahn, der	السن	صَان
Zange, die	كماشة	سَنگَ
Zehe, die	إصبع القدم	زه، ديگه
Zeichnen, das	رسم	زَيْشنَن
Zeichner, der	رسام	صَيشنَر
Zeichnung, die	رسم	صَيشنُنگ
zeigen	دَلَّ / أَشَارَ / أَرَى	زَيْگَن
Zeitschrift, die	مجلة	سَيتشِرِفت
Zelle, die	الخلية	زَلَ
Zensur, die	رقابة	سَنزُور
Zentralregierung, die	الحكومة المركزية	سَنترَالرِگيرُنگ

Zeremonie, die	مراسم	سَرِمُنِي
Zeuge, der	الشاهد	سُيْگَ
ziehen	جَرَّ	زيهَن
Ziel, das	الهدف	زِلْ
Zins, der	فائدة	سِنس
Zirkel, der	فرجار	سِركَل
Zitat, das	اقتباس	سِتَات
Zivilgesellschaft, die	المجتمع المدني	سِوِيلگَسَلشَفت
Zoll, der	جمرك	سُل
zornig adj.	غاضب	زُرْنِكْ
Zu Ende bringen	أَنْهَى	زْ أَنْدِ بِرِنكِنْ
züchten	رَبَّى	سُشْتَن
Zuhörer, der	مستمِع / سامع	سُوهُرَ
Zulassung, die	ترخيص	سُلَسُنگ
zunehmen	ارتفع	سُونِمَن
Zunge, die	اللسان	زونگ، دي
zurückkehren	رَجَعَ	زُرُكِّرِن
zusagen	وَعَدَ	زُسَكِنْ
Zusammenarbeit, die	التَعَاون	دِي,زُسمَّنْأُرْبَيْت
Zusammenfassung, die	ملخَّص	سُزَمَّنفَسَّنك
zuschauen	رَاقَبَ	سُوشَوَن
Zuschauer, der	مشاهِد	سُوشَوَر
zustellen	وَزَّعَ	سُوشِتَلَّن
zustimmen	وَافَقَ	زُشتِيمَّنْ
Zuverlässigkeit, die	الأمانة	سُفَرلَسِّگكَيت
Zweck, der	الغرض	زِوَكْ
Zyniker, der	الساخر	سِينِكَر

KAPITEL 14

REGISTER

آلة / ماكينة / مكنة	مَشِينَن	Maschinen, die
أَتَى	كُمَّن	kommen
أَثْنَى / مَدَحَ	لُبِنْ	loben
أَجَابَ	أَنتوُرتَن	antworten
أَجَرَ	فَرمِيتَن	vermieten
أجرة بريد	بُرتُ	Porto, das
أحد المعارف	دِر،بِكَنْتِ	Bekannte, der
أَحْدَثَ	بِوِرْكِنْ	bewirken
أَحَسَّ	وَارنَامَن	wahrnehmen
أَحْضَرَ	برِنگِن	bringen
أَخْبَرَ	بِشَيْد كِبَنْ	Bescheid geben
أَخَذَ	نِيمِن	nehmen
أَخَذَ معه	مِتْنِمَنْ	mitnehmen
أَدَارَ	فَروَلتَن	verwalten
أَرَادَ	وُلَّن	wollen
أَرْسَلَ	سَندِن	senden
أرسل بالفاكس	فَكسَن	faxen, das
أرْمَل	فَرْفِتوِتْ	verwitwet
أَزَاحَ	وِگنِمِن	wegnehmen
أستاذ	برُفَسُر	Professor, der
أَسَّسَ	كِردِن	gründen
أَسَّسَ	گرُندَن	gründen
أسطورة	صَاگَ	Sage, die
أسلوب العمل	أَربَيتسمَتُودَ	Arbeitsmethode, die
أَشْرَفَ	بَأَوفسِحتِگَن	beaufsichtigen
أَصْبَحَ	وِردِن	werden
أصولية	فُندَمَنطَلِسمُس	Fundamentalismus, der
أَضَاءَ	أَرهِلَّنْ	erhellen
أَطْفَأَ	أَوْسشَلْتِن	ausschalten

أَطْلَعَ	أَينوَيهَن	einweihen
أعار	فَرلَيهَن	verleihen
أَعَارَ	لَيْهِنْ	leihen
أَعَدَّ	فَرْبِرَيْتِن	vorbereiten
أَعْطَى	گِبِن	geben
أَعْلَمَ	إِنْفُرْمِرِنْ	informieren
أغلبية	مَرهَيت	Mehrheit, die
أَغْلَقَ	شليسِن	schließen
أَقْنَعَ	أُبِرْزُيكِن	überzeugen
أَقْنَعَ	أُبَرسُيگَن	überzeugen
أَكَّدَ	بِتُيَنْ	beteuern
أَكَلَ	أَسَّن	essen
ألغى	أَوفلُوزَن	auflösen (Konto)
أَلْغَى	أبسَاگِن	absagen
أَلْغَى	كُندِگَن	kündigen
أَلْقَى الْقَبْضَ على	فَستِنِمِن	festnehmen
ألومنيوم	أَلُمِينِؤُم	Aluminium, das
ألومنيوم	هُلسكُولَ	Holzkohle, die
أَمَرَ	أنْوَيْسِنْ	anweisen
أَمَرَ	بِفِلِنْ	befehlen
أَمْلَى	دِكتِيرِن	diktieren
أمير الحرب	كرِيگسهَار	Kriegsherr, der
أمين الصندوق	شَتسمَيستَر	Schatzmeister, der
أناني	أَگُسَنترِش	egozentrisch adj.
أَنْهَى	زْ أَنْدِ بِرِنكِنْ	Zu Ende bringen
أَهْدَى	شَنْكِن	schenken
أوتوماتيك	أَوتُمَاتِش	automatisch adj.
أَوْصَى	إِمْفِلِنْ	empfehlen
أَوْقات الفراغ	دِي، فَرَيزَيْت	Freizeit, die

إجراء	فُرگَهَن	Vorgehen, das
إجمال	بُرُتُّ	Brutto
إخراج	رَجِي	Regie, die
إدارة	مَنَجمَنت	Management, das
إرسال عاجل	أَيلزَندُنگ	Eilsendung, die
إرفورت		Erfurt
إزديادالضّغط	درُك أَوسبَوَن	Druck ausbauen
إسفنج	شوَم	Schwamm, der
إصبع القدم	زه، ديگه	Zehe, die
إضراب	شترَيك	Streik, die
إعلان	أَنسَيگَ	Anzeige, die
إقامة	فَرأَنشطَلطُنگ	Veranstaltung, die
إقتصاد السوق	مَركتوِرتشَفت	Marktwirtschaft, die
إمبراطورية	إمبَارِيُم	Imperium, das
إنتاج / صنع	هَرشتَلُّنگ	Herstellung, die
إنتاج كبير / بالجملة	مَسَّنبرُدُكسِئُون	Massenproduktion, die
إنذار	مَانُنگ	Mahnung, die
إنشاء	كُنستَرُكسِئُون	Konstruktion, die
إنوَستِسِئُون	إنوَستِسِيون	Investition, die
إنوَستِيرِن	إنوَستِيرِن	investieren
إيقاع	رِتمُس	Rhythmus, der
ابن	دِر,نفُّ	Neffe, der
ابن الخال / ابن الخالة	دِر, كُوزَنْ	Cousin, der (mütterlicherseits)
ابن العم / ابن العمة	دِر, كُوزَن	Cousin, der (väterlicherseits)
اتحاد	بُند	Bund, der
اتَّصَلَ	أنرُوفِن	anrufen
اتِّصَلَ به هاتفيا	أَنرُوفَن	anrufen
اتهام	أَنكلَاگَ	Anklage, die
اتهام	بَشُلدِگُنگ	Beschuldigung, die

اجتماع	فَرزَملُنگ	Versammlung, die
اجتماع / مقابلة	بَگَگنُنگ	Begegnung, die
اجتهد	أَنشترِنگِن	anstrengen
اجْتَهَدَ	سِشْ بَمُوهَن	sich bemühen
احْتَاجَ	بِنتِگَن	benötigen
احْتَجَّ / اعْتَرَضَ	بُرُتَسْتِرن	protestieren
احْتَرَقَ	بَرنَّن	brennen
احْتَقَرَ	فَرأَختَن	verachten
احْتَلَّ	بِسزتزِن	besetzen
احتلال	بَستَسُنگ	Besetzung, die
احتمل	أَرتراگَن	ertragen
اخْتَارَ	وِيلِن	wählen
اختراع	أَرفِندُنگ	Erfindung, die
اخْتَرَعَ	أَرْفِنْدَنْ	erfinden
اخْتَرَعَ	أَرفِندَن	erfinden
اختصار	أَبكُرسُنگ	Abkürzung, die
ارتفع	سُونَمَن	zunehmen
ارْتَكَبَ	أَيْنِنْ فِلَ بِكِن	einen Fehler begehen
اسْتَبْدَلَ	أرسَتْزِنْ	ersetzen
اسْتَحْسَنَ	كُوتْهَيْسَن	gutheißen
اسْتَخْدَمَ	فَرْوِنْدِنْ	verwenden
استراح	فلِن	ausruhen
اسْتَطَاعَ	كُ⊠نَّن	können
استعراض	بَرادَ	Parade, die
اسْتَعْمَلَ	بِنُتْزِنْ	benutzen
اسْتَعْمَلَ	بَنُتسَن	benutzen
استقالة	رُكترِت	Rücktritt, der
استقلال	أُنؤَبهَنگِگكَيت	Unabhängigkeit, die
اسْتَمْتَعَ	گِنيسَّنْ	genießen

اسْتَمَرَّ	فَيْتَرمَخِن	weitermachen
اسْتَنْتَجَ	شُلُسْفُلْگَرْن	schlussfolgern
اسْتَوْرَدَ	إمبُرتِيرِن	importieren
استيراد	إمبُرت	Import, der
اسطاد	يَاگِن	jagen
اسم	فُورنَامَ	Vorname, der
اسم العائلة	نَاخنَامَ	Nachname, der
اشْتَاقَ	سِنِنْ نَخ	sehnen nach
اشْتَكَى	بِشْوِرِن	beschweren
اعتراض	أَينشبُرُح	Einspruch, der
اعتراف	أَنأَركَنُّنگ	Anerkennung, die
اعْتَرَفَ	أَنَرْكَنَّن	anerkennen (amtlich)
اعْتَرَفَ	أَيْنكِشتِن	eingestehen
افتتاحية	أُوَرتُورِ	Ouvertüre, die
اقتباس	سِتَات	Zitat, das
اقْتَرَحَ	فُرْشَلَكِن	vorschlagen
اقتصاد	وِرتشَفت	Wirtschaft, die
اكتمال	أَبشلُس	Abschluss, der
الآخرة	يَنْزَيتس	Jenseits, das
الأب	دِرْ فَاتِر	Vater, der
الأخ	دِر بُرُدى	Bruder, der
الأخت	دِي، سِجِوسْتَر	Schwester, die
الأُخْوَة	دِي,بُرُودَرْلِيشْكَيْت	Brüderlichkeit, die
الأدب	مَنِيَ	Manier, die
الأذن	أُر، دس	Ohr, das
الأذى	لَيْد	Leid, das
الأرمَلة	دِي,وِيتْوَرْ	Witwe, die
الأسلوب	أرْت أُند وَيْزِ	Art und Weise, die
الأسلوب	وَيْزِ	Weise, die

الأصل	هَاركُنفت	Herkunft, die
الأم	دِي ،مُتَّى	Mutter, die
الأمانة	سُفرلَسِّگكَيت	Zuverlässigkeit, die
الأمعاء	دَارم	Darm, der
الأمل	هُفنُنگ	Hoffnung, die
الأنف	ناز، دي	Nase, die
الإبداع	فَربَ	Farbe, die
الإبداع	كرِيَتِوِتِت	Kreativität, die
الإبهام	ضَوْمَن	Daumen, der
الإتفاق	أَيْنكُنْك	Einigung, die
الإجتهاد	فلَيْس	Fleiß, der
الإجراء	مَسْنَمِ	Maßnahme, die
الإخلص / الوفاء	ترُيْىَ	Treue, die
الإخوة	دِي, كِسْجَوِستر	Geschwister, die
الإستعداد للمساعدة	هِلفبَرَيْتشَفت	Hilfsbereitschaft, die
الإصبع	فِنگَر	Finger, der
الإطلاع	أَيْنسِشْت	Einsicht, die
الإعتداد بالنفس	سَلبستبَوُستسَيْن	Selbstbewusstsein, das
الإعداد	فُرْبرَيْتُنْك	Vorbereitung, die
الإقتناع	أُبَرْزُيْكُنْك	Überzeugung, die
الإمارة	إمِرَات	Emirat, das
الإنتهازي	أُبُرتُنِست	Opportunist, der
الإنْذار	مَنُنْك	Mahnung, die
الإيقاع الحيوي	بيُرِتمُس	Biorhythmus, der
الائتلاف	كُؤَلِسيُون	Koalition, die
الابن	دِر، سُون	Sohn, der
الاتصال	دِر،كُنْتَاكْت	Kontakt, der
الاحترام	دِر،رِسْبَكْت	Respekt, der

الاستعلامات الهاتف	تَلَفونأَوسكُنفت	Telefonauskunft, die
الاقتصاد العالمي	وَلتوِرتشَفت	Weltwirtschaft, die
الانتاج	أَوسگابَ	Ausgabe, die
الانتحار	زَلبستمُرْد	Selbstmord, der
الانسان	مَنش	Mensch, der
الانضباط الذاتي	سَلبستدِسِّبلِين	Selbstdisziplin, die
الانطباع	أَيْندرُك	Eindruck, der
الانكماش الاقتصادي	كُنيُنكتُورفِلَوتَ	Konjunkturflaute, die
الاوالدان	دِي إلتِرْن	Eltern, die
البالغ	أَرْوَكْسَنَ	Erwachsene, der
البدن	كُربَر	Körper, der
البزاع	شَتَرَيْت	Streit, der
البطن	بَوْح	Bauch, der
البنت	مَدشَن	Mädchen, das
البنت	دِي تُختَرْ	Tochter, die
البيضة	هُودَن	Hoden, der
التأخُّر	أُنبُنكتلِجكَيت	Unpünktlichkeit, die
التَبَعِية	شطَاتسبُرگرشَفت	Staatsbürgerschaft, die
التزام	فَرفلِشتُنگ	Verpflichtung, die
التسامح	تُلَرَنس	Toleranz, die
التَشْوِيق	دِي, شبنَّونْگ	Spannung, die
التصرف,السلوك	فَرهلتَن	Verhalten, das
التضامن	دِي,سُلِدَرِدتْ	Solidarität, die
التعامُل	أُمْكَنْك	Umgang, der
التَعَاون	دِي,زُسمَّنْأَرْبَيْت	Zusammenarbeit, die
التَعزية	بَيْلَيْد	Beileid, das
التفاؤل	أُبتِمِسمُس	Optimismus, der
التُفولة	كِنْدْهَيْت	Kindheit, die

Rente, die	رِنْتَ	التقاعُد
aufnehmen	أوفنِمَن	الْتَقَطَ
Empathie, die	أَمْبَتِ	التقمص العاطفي
Steuerhinterziehung, die	شتَيَرهِنتَرسِيئُنگ	التهرب من الضريبة
Vollmacht, die	فُلمَخْت	التوكيل
Geschwätz, das Plauderei, die	گشوَتس / بلَودَرَيْ	الثرثرة
Bildung, die	بِلدُنْگ،دي	الثقافة
Vertrauen, das	دَسْ، فَرْتَرَوَن	الثِقَة
Nachbar, der	دِر،نَخْبَرْ	الجار
Stirn, die	،شتيرن	الجبين
Leichnam, der	لَيشنَام	الجثة
Opa, der	دِر أُبا	الجد
Großeltern, die	دِي, كُرُسألْتَرْن	الجدان
Oma, die	دِر أُما	الجدة
Leib, der	لَيْب	الجسد
Augenlid, das	اوگنليد، دس	الجفن
Haut, die	هَوت	الجلد
Publikum, das	بُبلِكُم	الجمهور / المشاهدون
Beerdigung, die	بَأَرْدِگُنْگ	الجنازة
Hüfte, die	هُفتَ	الجنب
Geschlecht, das	گشلَشت	الجنس
Immunsystem, das	إمُونسِستِم	الجهاز المناعي
Generation, die	گنَرَسِيُون	الجيل
Augenbraue, die	اوگنبرو، دی	الحاجب
Sinn, der	زِن	الحاسة / الإحساس
Gegenwart, die	گِگَنوَرت	الحاضر
Lage, die (Stimmung)	لَكِ	الحالة
Argument, das	أركُمَنْت	الحجة

الحدود	گرِنسَ	Grenze, die
الحديث	دَسْ،گِشْبرِيخْ	Gespräch, das
الحزب	بَرتَيْ	Partei, die
الحزن	ترَوْؤَر	Trauer, die
الحفيد/الحفيدة	دِر ،إنكل دِي,إِنْكَلِينْ	Enkel, der/ Enkelin, die
الحق	رِشت	Recht, das
الحقوق المدنية	بُرگَارِّحت	Bürgerrecht, das
الحقيقة	فَكْت	Fakt, der + das
الحكم عليه	فَرأُرطَيلُنگ	Verurteilung, die
الحكومة الإقليمية	رِگِئُنَالرِگِيرُنگ	Regionalregierung, die
الحكومة المحلية	برُوِنسرِگِيرُنگ	Provinzregierung, die
الحكومة المركزية	سَنترَالرِگِيرُنگ	Zentralregierung, die
الحلمة	بروستورز، ديگه	Brustwarze, die
الحم	دِر,شِجويكَرْفَتَرْ	Schwiegervater, der
الحماة	دِي,شِجويكَرْمُوتَرْ	Schwiegermutter, die
الحمق	دُمهَيْت	Dummheit, die
الحمل	شِوَنْگَرْشَفْت	Schwangerschaft, die
الحياة	لِبَنْ	Leben, das
الحيى	شَامْكِفُول	Schamgefühl, das
الخالة	دِي,تَانْته	Tante, die (mütterlicherseits)
الخصر	تَيلل، دي	Taille, die
الخطأ	إرْتُم	Irrtum, der
الخِطبة	دِي,فَرْلُوبُونْك	Verlobung, die
الخِطَّة	بَلَنْ	Plan, der
الخُلُق	كَرَكتَر	Charakter, der
الخلية	زَلَ	Zelle, die
الدفن	بَشتَتُنْگ	Bestattung, die
الدم	بلُوت	Blut, das

الدماغ	گهيرن، دس	Gehirn, das
الدناءة	گَمَينحَيْت	Gemeinheit, die
الدهشة	أرْشَتَوْنِنْ	Erstaunen, das
الدولة المحايدة	نَيترَالَ شطَات	neutrale Staat, der
الدولة المستقلة	أُنوَبهَنكِگَ شطَات	unabhängige Staat, der
الذراع	أرم	Arm, der
الذكاء	إنتَلِگَنس	Intelligenz, die
الذكرى	يَبِلَايُم	Jubiläum, das
الذنب	شُلْد	Schuld, die
الذَوْق	گَشمَك	Geschmack, der
الرأس	كُبف	Kopf, der
الرأي	مَيْنُنْك	Meinung, die
الرؤية / البصر	زِحت	Sicht, die
الرئة	لُنگَ	Lunge, die
الرّبح	برُفِيت	Profit, der
الرجل	فُوس	Fuß, der
الرجل	مَن	Mann, der
الرحمة	مِتگَفُول	Mitgefühl, das
الرضيع	دَس,سُيْكِلينك	Säugling, das
الركبة	كنِيْ	Knie, die
الرمش	ويمپر، ديگه	Wimper, die
الرومانتيكية	رُمَنتِك	Romantik, die
الرياضيات	مَتَمَتِيك	Mathematik, die
الريحة	گَرُح	Geruch, der
الريق	شبَيْهَل	Speichel, die
الزوج	دِر،إهِمَن	Ehemann, der
الزوجة	دِي,إهِيفَرَوْ	Ehefrau, die
الزوجة	دِي,گَتِين	Gattin, die
الساخر	سِينِگَر	Zyniker, der

الساق	بين، دس	Bein, das
السبب	كْرُنْد	Grund, der
السر	دَسْ، گَهَيمِنِيسْ	Geheimnis, das
السرة	نَابَل	Nabel, der
السلطة السياسية	بُلِيتِشَ مَحت	politische Macht, die
السن	صَان	Zahn, der
السن اليأس	وَكسَلْيَارِ	Wechseljahre, die
السوق العالمية	وَلتمَركت	Weltmarkt, der
السياسة الاقتصادية	وِرتشَفتسبُلِتِيك	Wirtschaftspolitik, die
السياسة الداخلية	إنَنبُلِتِيك	Innenpolitik, die
السيما	گَسِجتسأَوْسدرُك	Gesichtsausdruck, der
الشاهد	سُيْگَ	Zeuge, der
الشباب	يُوگَندلِهَن	Jugendlichen, die
الشبيبة	يُوگَند	Jugend, die
الشَبين	دِر،تَرَوْزُيْكَ	Trauzeuge, der
الشخس	بَرسُون	Person, die
الشرط	كُندِسيون	Kondition, die
الشركاء التجاريين	هَندِلسبَرتنِر	Handelspartner, die
الشريان	أَرتَارِئَ	Arterie, die
الشريعة	شَرِئَ	Scharia, die
الشريعة الإسلامية	إسلَامِشَ رِشت	islamische Recht, das
الشعر	كپفهار، دس	Kopfhaar, das
الشعور	أَمُتسِئُون	Emotion, die
الشفة	لِبُّ، دي	Lippe, die
الشكل	فِگُور	Figur, die
الشهية	أَبَتيت	Appetit, der
الشواهد	قرَبْشتَيْن	Grabstein, der
الصَداقة	دِي,فِرُونْدشَفْت	Freundschaft, die
الصدر	،بروست	Brust, die

Ehrlichkeit, die	أَرلِشكَيْت	الصدق
Ehrlichkeit, die	دِي,إِرْلِيشْكَيْت	الصدق
Offenheit, die	أُفَنهَيت	الصراحة
Titelseite, die	تِيتَلزَيتَ	الصفحتها الرئيسية
Galle, die	قَلَ	الصفراء
Gutherzigkeit, die	گُوتهَرسِگگَيْت	الصِلاح
Verbindung, die	دِي,فَرْبِنْدُونگ	الصلة / الارتباط
Laut, der	لَوْت	الصوت
Stimme, die	شتِمَّ	الصوت
Dari	دَارِ	الضاري
Gegenteil, das	كِگَنتَيْل	الضد
Geräusch, das	گَرُيْش	الضوضاء
Lärm, der	لَرم	الضوضاء
Kind, das	كِنْد	الطفل
Scheidung, die	دِي,شَيْدُونْك	الطلاق
Nachfrage, die	نَخفرَاگَ	الطلب
Nagel, der	نَاگَل	الظفر
Rücken, der	رُكَن	الظهر
Rücken, der	رُكَن	الظهر
Wohlgeruch, der	وُولگَرُح	العبق
Fairness, die	فَيْرنَس	العدالة
Ausrede, die	أَوْسرِدَ	العذر
Angebot und Nachfrage	أَنگَبُوت أُند نَاخفرَاگَ	العرض والطلب
Braut, die	دِي, بَرَوْت	العروس
Bräutigam, der	دِر، بُرُيْتِيگَم	العريس
Entschlossenheit, die	أَنتشلُسَّنهَيْت	العزم / الحزم / التصميم
Geliebte, die	دِي,كلِيبْتَ	العشيقة
Nerv, der	نَرف	العصب
Epoche, die	أَبُخِ	العصر

العضلة	مُسكَل	Muskel, der
العضو	أُرقَان	Organ, das
العِطْر	بَرفُوم	Parfüm, das
العظم الأنفي	نَاسَنبَيْن	Nasenbein, das
العظم الجبهي	شتِرنبَيْن	Stirnbein, das
العظمة	كنُخِن	Knochen, der
العقل	مَنشَنفَرشطَنت	Menschenverstand, der
العقلية	مَنتَلِتِت	Mentalität, die
العلاقة	دِي,بزِيُونْك	Beziehung, die
العلاقة	دَسْ، فَرْهِلْتِنِسْ	Verhältnis, das
العلوم	(وِسَنشَفت(َن	Wissenschaft(en), die
العمة	دِي,تَانته	Tante, die (väterlicherseits)
العمل السياسي	بُلِيتِش أَكسِئُون	politische Aktion, die
العمل الفني	كُنستوَرك	Kunstwerk, das
العمود الفقاري	وِربَلزُيْلَ	Wirbelsäule, die
العنق	هالس، در	Hals, der
العنق	حَلس	Hals, der
العنوان	أَدرِسَّ	Adresse, die
العنوان	تِيتَل	Titel, der
العين	اوگ، دس	Auge, das
الغرض	زِوَكْ	Zweck, der
الغلط	فِلَ	Fehler, der
الـغيرة	أَيْفرسُخت	Eifersucht, die
الغيظ	وُتْ	Wut, die
الفائدة	فُرتَيْل	Vorteil, der
الفتى	كلَيْنَرْ يُنْگَ	kleiner Junge
الفرصة	كِلِكَنّهَيْت	Gelegenheit, die
الفصل	دِي,تَرَنّونْك	Trennung, die
الفقرة	أَبصَتس	Absatz, der

الفم	موند، در	Mund, der
القاتل	مُرْدَرْ	Mörder, der
القانون	گَسَتس	Gesetz, das
القبر	گرَاب	Grab, das
القبيلة	دِر,شتَمْ	Stamm, der
القتل	مُرْد	Mord, der
القدر	بَشتِمُنْگ	Bestimmung, die
القرار	إنْشَيْدُنْك	Entscheidung, die
القصة القصيرة	كُرسگَشِجْتَ	Kurzgeschichte, die
القصيدة	گَدِشْت	Gedicht, das
القضاء	رِشتشبِرِحُنگ	Rechtsprechung, die
القلب	هَرس	Herz, das
القوة	شتَرِك	Stärke
الكاتب	شرِفتشِتَلَّر	Schriftsteller, der
الكبد	لَابَر	Leber, die
الكبر	گرُوسَ	Größe, die
الكُبر	گرُوسَ	Größe, die
الكتف	شُلتَر	Schulter, die
الكلية	نِيرِ	Niere, die
اللسان	زونگ، دي	Zunge, die
اللغة الألمانية	دُيْتش	Deutsch
اللغة البشتوية	بَشتُ	Paschto
اللغة الروسية	رُسِش	Russisch
اللغة الفرنسية	فرَنزُوزِش	Französisch
اللغة الهندية	هِندِ	Hindi
اللهجة	تُون	Ton, der
المادي	مَترِيَلِست	Materialist, der
المالي	فِنَنسَن	Finanzen, die
المتشائم	بَسِمِست	Pessimist, der

Spaß, der	دِر، شَبَس	المُتْعَة
Fanatiker, der	فَنَاتِكَر	المتعَصِّب
Optimist, der	أُبتِمِسْت	المتفائل
Pensionär, der	بَنْزِئيُنِر	المتقاعد
Rentner, der	رِنْتْنَر	المتقاعد
Beispiel, das	بَيْشبِل	المثال
Idealist, der	إدَيَلِست	المثالي
Zivilgesellschaft, die	سِوِيلگَسَلشَفت	المجتمع المدني
große Versammlung, die	گرُوس فرزَملُنگ	المجلس الكبير
Unterhaltung, die	دِي, أُونْتَرْهَلْتُونگ	المحادثة
Philantrop, der	فِلَنترُوب	المحسن
Perfektionist, der	بَرفَكتسِيُنِست	المحسِن
Oberste Gerichtshof, der	أُوبَرستَ گَرِجتسهُوف	المحكمة العليا
Verteidiger, der	فَرتَيدِگَر	المدافع
Grundschule, die	گرُندشُولَ	المدرسة الابتدائية
öffentliche Schule, die	أُفَنتلِش شُولَ	المدرسة الحكومية
Privatschule, die	برِوَاتشُولَ	المدرسة الخاصة
religiöse Schule, die	رِلِگيوز شُولَ	المدرسة الدينية
Abendschule, die	آبَندشُولَ	المدرسة المسائية
Hypochonder, der	هِبُكُندَر	المراقي
Heranwachsende, der	هَرَنوَكسَندَ	المراهق
Pubertät, die	بُوْبَرْتِت	المراهقة
Ellbogen, der	أَلبُوگَن	المرفق
Speiseröhre, die	شبَيْزَرُورِ	المَرِيء
Stimmung, die	شتِمُنگ	المزاج
Hilfe, die	دِي,هِيلْفِه	المساعدة
Pazifist, der	بَسِفِست	المسالم
Problem, das	بُرُبْلِمْ	المشكلة
Magen, der	مَاگَن	المعدة

المعرفة	كَنتنِس	Kenntnis, die
المعلومة	إنْفُرمَتسِيُون	Information, die
المُعَمَّر	زَنْيُر	Senior, der
المفصل الكتفي	شُلتَرگَلَنك	Schultergelenk, das
المقبرة	فرِيدْهُوف	Friedhof, der
المقدمة	فُروُرت	Vorwort, das
الملحد	أَتَئِست	Atheist, der
المنافق	هُيْشلَر	Heuchler, der
المَنظر / الهيئة	أَوْسَّاهَن	Aussehen, das
المني	سَامَن	Samen, der
المهر	دِي,بَرَوْتَكَابُ	Brautgabe, die
المِهنة	رُوس	Beruf, der
المواطنين	بُرگَار	Bürger, der
الميراث	أَرْبْشَفْت	Erbschaft, die
الميزانية	أَطَا	Etat, das
الناس	دِي, لُيْتِ	Leute, die
الناس	فُلك	Volk, das
النرجسية	نَرسِسمُس	Narzissmus, der
النِزاع	دِر، كُنْفِليكْت	Konflikt, der
النزعة	درَنگ	Drang, der
النسيج	گوَابَ	Gewebe, das
النشاط	تِتِيكْكَيْت	Tätigkeit, die
النشر	فَرأُفَّنتلِشُنگ	Veröffentlichung, die
النص	تَكست	Text, der
النصيحة	رَتْشَلَكْ	Ratschlag, der
النظام الاجتماعي	گَسَلشَفتسأُردنُنگ	Gesellschaftsordnung, die
النغمة	كلَنگ	Klang, der
النكاح	دِر، إهَ فَرْتَرَكْ	Ehevertrag, der
النوع	سُرْتِ	Sorte, die

النَوْع	تِيب	Typ, der
النية	أَبْسِشْت	Absicht, die
الهدف	زِلْ	Ziel, das
الهرمون	هُرمُون	Hormon, das
الواجب المنزلي	هَوْسأَوْفقَابَ	Hausaufgabe, die
الوجع	شمَرْس	Schmerz, der
الوجه	گسيشت، دس	Gesicht, das
الوحدة	دِي, أَيْنهَيْت	Einheit, die
الوزير	مِنستَر	Minister, der
الوضع	زِتُوَتِيُن	Situation, die
الوضوح	كَلَرْتَكْس	Klartext, der
الوعاء الدموي	بلُوتگَفِس	Blutgefäß, das
الولاء	لُيَلِتِت	Loyalität, die
الولادة	گَبورْت	Geburt, die
الولاية		Bundesland
الولد	يُنْگَ	Junge, der
اليأس	هُفنُنگسلُوسِگكَيْت	Hoffnungslosigkeit, die
اليتيم	وَيْزَ	Waise, die
اليد	هند، ديگه	Hand, die
امتحان	برُوفُنگ	Prüfung, die
امتياز	كُنسَسِّؤُون	Konzession, die
امرأة	فرَوْ	Frau, die
انتباه	أَوْفمَركسَمكَيْت	Aufmerksamkeit, die
انْتَبَهَ	أَخْتكِبَنْ	Achtgeben
انْتحَرَ	زَلْبستمُرد بَگاهَنْ	selbstmord begehen
انتخابات	وَالَن	Wahlen, die
انْتَظرَ	وَرْتِنْ	warten
انْتَفخَ	أنشولَّن	anschwellen
انتقامي	رَحسُهتِگ	rachsüchtig adj.

انضباط	دِسِّبلِين	Disziplin, die
انقلاب	بُتش	Putsch, der
بئر	برُنَّن	Brunnen, der
بائع	فَركُيْفر	Verkäufer, der
بائع الكتب	بُوخْهَندلَر	Buchhändler, der
باب	كَبِيتَل	Kapitel, das
بَاتٌّ / صَارم	شترِكت	strikt, streng adj.
بادن-فورتمبيرغ		Baden-Württemberg
بَاعَ	فَركَوفِن	verkaufen
بافاريا		Bayern
بالغ	أَرْوَكسَن	erwachsen adj.
باهت,اصفر (وجهه)	بلَس	blass adj.
بَثَّ	أَوسشترَالَن	ausstrahlen (Sendung)
بحث	فُرشُنگ	Forschung, die
بَحَثَ	سُخِن	suchen
بدون الأمانة	أُنسُفَرلَسِگكَيت	Unzuverlässigkeit, die
بدون المبالاة	رُكسِجتسلُوسِگكَيت	Rücksichtslosigkeit, die
بدوي	نُمَادَ	Nomade, der
بَذَرَ	زَاءَن	säen
بذل الجهد	سِش بَمُوهَن	sich bemühen adj.
براءة	أُنشُلد	Unschuld, die
برامج أطفال	كِندَرزَندُنگَن	Kindersendungen, die
براندنبورغ		Brandenburg
برلين		Berlin
برنامج	برُگرَام	Programm, das
بروتوكول	برُتُكُل	Protokoll, das
بريد	بُست	Post, die
بريد جوي	لُفتبُست	Luftpost, die
بريد محلي	إنلَندبُسْت	Inlandpost, die

بريمن		Bremen
بزر	زَامَن	Samen, der
بضاعة	وَارِ	Ware, die
بطاقة الأعمال	وِزِيتَنكَرتَ	Visitenkarte, die
بطاقة بريدية	بُستكَرتَ	Postkarte, die
بطاقة هاتفية	تَلَفُونكَرتَ	Telefonkarte, die
بطالة	أَربَيتسلُوسِگگَيت	Arbeitslosigkeit, die
بَغَى	بَگَارِن	begehren
بَقِيَ	بَلَيبِن	bleiben
بلد	لَند	Land, das
بلد وجاور	نَخْبَرلَند	Nachbarland, das
بناء / إنشاء	بَوْ	Bau, der
بنت الأخ / بنت الأخت	دِي, نِيشتَ	Nichte, die
بنت الخال / بنت الخالة	دِي,كُوسِينُ	Cousine, die (mütterlicherseits)
بنت العم / بنت العمة	دِي,كُسِينَ	Cousine, die (väterlicherseits)
بوتسدام		Potsdam
بورصة	بُرْزَ	Börse, die
بوضوح	أُفُّنسِشْتِلِشْ	offensichtlich adj.
بيانو	كلَوِير	Klavier, das
تأميم	فَرشِطَاتلِشُنگ	Verstaatlichung, die
تأمين	فَرزِشَارُنگ	Versicherung, die
تَاجَرَ	هَنْدَّل ترَيبَن	Handel treiben
تَاجَرَ	هَنْدِلْن	handeln
تاريخ	گَشِشتَ	Geschichte, die
تاريخ	گَشِجْتَ	Geschichte, die
تاريخ الميلاد	گَبُرتسدَاتُم	Geburtsdatum, das
تبنى	أَدُبْتِيرِنْ	adoptieren
تَجَادَلَ	أَرگُمَنتِيرِن	argumentieren

تجارة	هَنْدَل	Handel, der
تجارة الجملة	گرُوسهَندَل	Großhandel, der
تجارة خارجية	أوسَنهَندَل	Außenhandel, der
تجارة داخلية	بِنَّنهندَل	Binnenhandel, der
تجارية	گَشَفتلِح	geschäftlich adj.
تجريب	أربُرُوبُنگ	Erprobung, die
تَجَنَّبَ	فَرْمَيْدِن	vermeiden
تَحَاجَّ	أَرْكُمَنْتِرِن	argumentieren
تحويل	أُوبَرَوَيزُنگ	Überweisung, die
تخفيض	أرمَاسِگُنگ	Ermäßigung, die
تَدَخَّلَ	أَيْنشَرِيْتِنْ	einschreiten
تدريب	أَوْسبِلدُنگ	Ausbildung, die
تدريب	فَحأَوْسبِلدُنگ	Fachausbildung, die
تدريب مهني	بَرُوفسأَوْسبِلدُنگ	Berufsausbildung, die
تدشين	أينوَيهُنگ	Einweihung, die
تربية الماشية	فِيسُخْت	Viehzucht, die
ترتيب	أُردنُنگ	Ordnung, die
ترجم	أُبَرسَتسَن	Übersetzen, das
ترخيص	سُلَسُنگ	Zulassung, die
تَرَفَّعَ	فرسَتست وَاردَن	versetzt werden
تَرَكَ	فَرْلَسَّنْ	verlassen
ترك قرار	إِنْتشَيْدُنْك أُبَرلَسَّن	Entscheidung überlassen
تركيز	كُنسَنترَسِئُون	Konzentration, die
تَزَحْلَقَ	رُتْشِن	rutschen
تَزَوّجَ	هَيرَتِن	heiraten
تسجيل	أَيْنشرَيْبُنگ	Einschreibung, die
تَسَلَّمَ	أُبَرنيمَن	übernehmen
تسليم	لِيفَرُنگ	Lieferung, die
تسليم	أُبَرقَابَ	Übergabe, die

verfahren	فَرفَارِن	تصرف
Vertrieb, der	فِرتِريب	تصريف
Applaus, der	أَبلَوس	تصفيق
Applaus, der	أَبلَوس	تصفيق
Design, das	دِسَين	تصميم
Entwurf, der	أَنتوُرف	تصميم
mitarbeiten	مِتأَربَيتَن	تَعَاوَنَ
Bergbau, der	بَرگبَو	تعدين
kennenlernen	كِنّنلَرْنِنْ	تَعَرَّفَ
lernen	لِرْنِن	تَعَلّمَ
Gedicht lernen	گَدِشت لَرنَن	تَعَلَّمَ قصيدة
Vokabel lernen	وُكَابَل لَرنَن	تَعَلَّمَ مفردات الكلمات
Kommentar, das	كُمَنطَار	تعليق
Schulpflicht, die	شُولفلِشت،دي	تعليم إلزامي
vertiefen	فَرتِيفَن	تعمق
schwänzen	شوِنسَن	تَغَيَّبَ عن المدرسة
optimistisch adj.	أُبتِمِستِش	تفاؤلي
Detail, das	دَطَيْل	تفصيل
Mandat, das	مَندَات	تفويض / ولاية
in die Pension gehen	إنْ دي بَنْزيُون گَاهَنْ	تَقَاعَدَ
in die Rente gehen	إنْ دِي رِنْتَ گَاهَنْ	تقاعدَ
Fortschritt, der	فُرتشِرت	تقدُّم
bewerben	بَوربَن	تَقَدَّمَ / رَشَّحَ نفسه
Bericht, der	بَرِشت	تقرير
Technik, die	تَشنِك	تقنية
Wiederholung, die	وِدَرهُولُنگ	تكرير
Technologie, die	تَشنُلُگِي	تكنولوجيا
Technik, die	تَشنِيك	تكنيك / تقنية
Komposition, die (Lied)	كُمبُزتسِيون	تلحين

Absage bekommen	أَبصَاگَ بَكُمَن	تَلَقَّى الرفض
proben	برُوبَن	تَمَرَّنَ
Übung, die	أُوبُنگ	تمرين
Einleitung, die	أَينلَيتُنگ	تمهيد
verzichten	فَرسِشتَن	تَنَازَلَ
Organisation, die	أُرقَنِسَتسِيُون	تنظيم
verabreden	فَرْأَبْرِدِنْ	تَوَاعَدَ
Anleitung, die	أَنلَيْتُنگ	توجيهات
Thüringen		تورنغن
expandieren	أَكسبَندِيرن	تَوَسَّعَ
Bodenschatz, der	بُودَنشَتس	ثروات معدنية
Preis, der	برَيس	جائزة
Preis, der	برَيس	جائزة
Universität, die	أُنِوَرزِتَات	جامعة
bereit adj.	بِرَيْت	جاهز
Inhaltsverzeichnis, das	إنهَلتسفَرسَيحنِس	جدول المحتويات
Aufmerksamkeit erregen	أَوْفمَركصَامكَيْت أَرِيگَن	جَذَبَ الانتباه
ziehen	زيهَن	جَرَّ
wagen	وَكِنْ	جَرُؤَ
probieren	برُبِيرِن	جَرَّبَ
probieren	بُرُبِرن	جَرَّبَ
laufen	لَوْفِن	جَرَى
Delikt, das	دَلِكت	جريمة
Metzger, der	مَتسگَر	جزار / قصاب / لحام
Sitzung, die	زِتسُنگ	جلسة
Zoll, der	سُل	جمرك
addieren	أَدِّيرن	جَمَعَ
sammeln	سَمَّلْن	جَمَعَ
versammeln	فَرصَمَّلن	جَمَعَ

جمهورية	رِبُبلِيك	Republik, die
جمهورية إسلامية	إسلَامِش رِببُلِيك	Islamische Republik, die
جمهورية شعبية	فُلكسرِببُلِيك	Volksrepublik, die
جميل	هُبش	hübsch adj.
جناية	فَربرِشِن	Verbrechen, das
جندي	سُلدَات	Soldat, der
جنس	گَتُّنگ	Gattung, die
جنسية	نَتيُنَلِتتْ	Nationalität, die
جَنَى	أَين فَربرِشِن بَگِهن	ein Verbrechen begehen
جهاز	گَرِيت	Gerät, das
جهد	مُوهَ	Mühe, die
جَهَدَ	أَنْشَرِنْكِنْ	anstrengen
جَهَدَ	بِمُوهِن	bemühen
جوهري	يُوَلِير	Juwelier, der
جير / كلس	كَلك	Kalk, der
حاشية	فُوسنُوتَ	Fußnote, die
حاضر	أَنوِيزَند	anwesend adj.
حاليَة	أَكتُوَلِتيت	Aktualität, die
حَاوَلَ	فَرسُخِن	versuchen
حبة	كُرن	Korn, das
حبل	زَيل	Seil, das
حبوب	گَترَيدَ	Getreide, das
حديد	أَيزَن	Eisen, das
حديد خام	رُووَيزَن	Roheisen, das
حديقة	تَشِ	Tasche, die
حَذِرَ	فُرسِشتِيش سَين	vorsichtig sein
حرف	بُوخشطَابَ	Buchstabe, der
حَرَّكَ	بِويكِنْ	bewegen
حرية التجمع	فَرسَملُنگسفرَيحَيت	Versammlungsfreiheit, die

حرية التعبير	مَينُنگسفرَيحَيت	Meinungsfreiheit, die
حساب	كُنتُ	Konto, das
حساب	رِشنُنگ	Rechnung, die
حساب التوفير	شبَاركُنتُ	Sparkonto, das
حَسَبَ	رِشنِن	rechnen
حَشَّ	مَاهَن	mähen
حصة في الأرباح	گَونأَنتَيل	Gewinnanteil, der
حَصَدَ	أَرنتَن	ernten
حَصَّلَ	كَسِّيرِن	kassieren
حَضَرَ	أَنوَازَند زَيْن	anwesend sein
حَضَرَ	سِيشْ بِلِكَّنْ لاَسَّنْ	sich blicken lassen
حفظ	أَوْسوَندِگ لَرنَن	auswendig lernen
حفلة	فَيَر	Feier, die
حفلة راقصة	بَل	Ball, der
حفلة موسيقية	كُنسَرت	Konzert, das
حقوق التأليف	أُرهِبَرْرَشت	Urheberrecht, das
حكم	أُرتَيل	Urteil, das
حكومة	رِگِيرُنگ	Regierung, die
حكومة الولاية	شطَاتسرِگِيرُنگ	Staatsregierung, die
حكومة وحدة وطنية	نَتسِيُنَالَ أَينهيتسرِگِيرُنگ	Nationale Einheitsregierung
حَمَلَ	ترَگِن	tragen
حوار	دِيَلُوگ	Dialog, der
حَوَّلَ	رْوَيسِنَ	überweisen
خائن	أُنترُيْ	untreu adj.
خاتم الخِطبة	دِر،فَرْلُبُونْكُسْرِينْك	Verlobungsring, der
خَاطَبَ	أَنرِدِن	anreden
خَانَ	فَرَّتِنْ	verraten
خباز	بَكَر	Bäcker, der
خبير	أَكسبَرتَ	Experte, der

خبير	فَخكُندِگ	fachkundig adj.
خبير	فَخْمَن	Fachmann, der
ختم البريد	بُستشِتَمبَل	Poststempel, der
خجول	شُهتَرن	schüchtern adj.
خدمة	دِنستلَيستُنگ	Dienstleistung, die
خَرِفٌ	زَنِيل	senil adj.
خسارة	فَرلُست	Verlust, der
خصَّ	بِتَرِفّنْ	betreffen
خُصَب	فرُختبَار	fruchtbar adj.
خصخصة	برِوَتزِيرُنگ	Privatisierung, die
خَصَّصَ	كُنْكرِتسِرن	konkretisieren
خصم	رَبَت	Rabatt, der
خط	لَيتُنگ	Leitung, die
خطأ كتابي	تِبفَالَر	Tippfehler, der
خطأ مطبعي	دُرُكْفلَر	Druckfehler, der
خَطَّطَ	بَلَنِنْ	planen
خطيٌّ	هَندشِرفتلِش	handschriftlich, adj.
خَمَشَ	كرَتزِن	kratzen
خيط	شنُور	Schnur, die
خَيّطَ	نِيهِن	nähen
دار العرض	گَلَرِي	Galerie, die
دار النشر	فَرلَاگ	Verlag, der
دَافَعَ عن	فَرْتَيْدِيگن	verteidigen
داكن	دُنكَلهُيْتِگ	dunkelhäutig adj.
دبلوماسية	دِبلُمَتِي	Diplomatie, die
دخل	أَينكُمَّن	Einkommen
دراسة في الخارج	أَوْسلَندشتُودِئُم	Auslandstudium, das
دَرَّبَ	أَوْسبِلدَن	ausbilden
درجة	گرَاد	Grad, der

درجة	شتُوفَ	Stufe, die
دَرْدَشَ	بَلَوْدِرْن	plaudern
درس	لَكسِيون	Lektion, die
درس	شتُندَ	Stunde, die
درس	أُنتَرِشتسشتُندَ	Unterrichtstunde, die
دريسدنِ		Dresden
دستور	فَرفَسُّنگ	Verfassung, die
دعاية	وَربُنگ	Werbung, die
دعاية,بروباغندا	بِرُوبَگَندَ	Propaganda, die
دعوة	أَينلَادُنگ	Einladung, die
دفتر	هَفت	Heft, das
دَفَعَ	زَلِنْ	zahlen
دَفَعَ / أَوْدَعَ	أَينصَالِن	einzahlen
دفن	بَأَرْدِگَنْ	beerdigen
دكان / محل تجاري	گَشَفت	Geschäft, das
دكتوراه	دُكتُرأَبشلُس	Doktorabschluss
دَلَّ / أَشَارَ	هِنْوَيْسِن	hinweisen
دَلَّ / أَشَارَ / أَرَى	زَيْگَن	zeigen
دليل الهاتف	تَلَفُونبُوح	Telefonbuch, das
دَهِشَ	أَرْشَتَوْنِنْ	erstaunen
دور	رُلَّ	Rolle, die
دور رئيسي	هَوبترُلَّ	Hauptrolle, die
دورة	كُورس	Kurs, der
دوسلدورف		Düsseldorf
دولة	شطَات	Staat, der
دولة فدرالية	بُندَسشطَات	Bundesstaat, der
دولي / عالمي	إنتَرنَتسِئُنَال	international adj.
ديمقراطية	دَمُكرَتِي	Demokratie
دين	رِلِگيون	Religion, die

ديون	شُلدَن	Schulden, die
ذات الشعر الداكن	دُنكَلْهَرِگ	dunkelhaarig adj.
ذَاقَ	شمَكَن	schmecken
ذكرى سنوية	يَارِسطَاگ	Jahrestag, der
ذكِيٌّ	كلَوَر	clever adj.
ذهب	گُلد	Gold, das
ذو القربى	دِي,فِرْوَنْدتِ	Verwandte, die
رَأَسَ	لَيتَن	leiten
رأس مال	كَبِتَال	Kapital, das
رَأَى / شَافَ	زِهَن	sehen
رئيس	برِزِدَنت	Präsident, der
رئيس الدولة	شطَاتسشَف	Staatschef, der
رئيس قسم	أَبتَيلُنگسلَيتَر	Abteilungsleiter, der
راديو	رَادِئُو	Radio, das
راعي غنم / غنام	شِفَر	Schäfer, der
رَافَقَ	بِگلَيْتِنْ	begleiten
رَافَقَ	بِگْلَيْتِنْ	begleiten
رَاقَبَ	سُوشَوَن	zuschauen
راينلاند - بالاتينات		Rheinland-Pfalz
ربح	گوِن	Gewinn, der
رَبَطَ	بندِن	binden
رَبَطَ	فَرْبِنْدِنْ	verbinden
ربَى	أوفسِيهَن	aufziehen
رَبَّى	أَرزِهِن	erziehen
رَبَّى	أَرسِيهَن	erziehen
رَبَّى	سُشْتَن	züchten
رَجَعَ	زُرُكَّرِن	zurückkehren
رجل أعمال	گَشَفتسمَن	Geschäftsmann, der
رخصة	لِسَنس	Lizenz, die

Brief, der	بريف	رسالة / مكتوب
Zeichner, der	صَيشنَر	رسام
durchfallen	دُرشفَلَن	رَسَبَ
sitzen bleiben	سِتسَن بلَيبَن	رَسَبَ
Zeichnen, das	زَيْشنَن	رسم
Zeichnung, die	صَيشنُنگ	رسم
Skizze, die	سكِتسَ	رسم تخطيطي
förmlich adj.	فِرْمِلِيش	رسميٌّ
Studiengebühren, die	شتُودِئَنگَبُورِن	رسوم التعليم
Postgebühren, die	بُستگَبُورِن	رسوم بريدية
bestechen	بَشتَشَن	رَشَا
Bestechung, die	بَشتَشُنگ	رشوة
Blei, das	بلَي	رصاص
wünschen	وُنشَن	رَغِبَ
Ablehnung, die	أَبلَانُنگ	رفض
ablehnen	أَبْلنَنْ	رَفَضَ
heben	هِبِن	رَفَعَ
Zensur, die	سَنزُور	رقابة
Tanz, der	طَنس	رقص
Nummer, die	نُمَر	رقم
Vorwahlnummer, die	فُروَلْنُمَر	رقم المنطقة
Telefonnummer, die	تِلِفُنْنُمَّر	رقم الهاتف
Postleitzahl, die	بُستلَيتسَال	رقم بريدي
installieren	إنستَلِيرِن	رَكَّبَ
montieren	مُنتِيرِن	رَكَّبَ / جَمَّعَ
sich konzentrieren	زِه كُنسَنترِيرِن	رَكَّزَ
rennen	رِنَّن	رَكَضَ
werfen	ورِفِن	رَمَى
klingen	كلِنگَن	رَنَّ

رنة هاتف	كلِنگَلتُون	Klingelton, der
رواية	رُمَان	Roman, das
رياضة	شبُورت	Sport, der
زَالَ	أوفهِرن	aufhören
زراع	أگرَار	Agrar, das
زراعة	لَندوِرتشَفت	Landwirtschaft, die
زَرَعَ	أنبَوَن	anbauen (Pflanzen)
زريبة	شطَل	Stall, der
زعلان	بُوزَ	böse adj.
زفاف	دِي,هُخْزَيْت	Hochzeit, die
زميل بالمدرسة	مِتشُولِر	Mitschüler, der
زَوَّدَ	بَلِيفَرن	beliefern
سَأَلَ	بِفرَكِنْ	befragen
سَأَلَ	فرَگِن	fragen
سَاءَ	بِلَيْدِكِن	beleidigen
ساذج	نَئِيف	naiv adj.
ساربروكن		Saarbrücken
سارلاند		Saarland
سَاعَدَ	هِلفِن	helfen
ساكسونيا		Sachsen
ساكسونيا السفلى		Niedersachsen
ساكن	رُهِگ	ruhig adj.
سبورة / لوحة	طَافَل	Tafel, die
سَجَّلَ	أَمِلدِن	anmelden
سجل الكلمات	وُرتَرَّگستَر	Wörterregister, das
سحب المال	گلد أَبهَابِن	Geld abheben
سعر,ثمن	برَيس	Preis, der
سَقَى	بَوَسَّرن	bewässern
سكر الدم	بلُوتسُكَر	Blutzucker, der

سكسونيا-أنهالت		Sachsen-Anhalt
سلك	درَات	Draht, der
سَلَكَ	فَرهلتَن	verhalten
سلّم	لَيتَر	Leiter, die
سَلَّى	دِر،أَمُوسِيرِن	amüsieren
سمح	دُلدَن	dulden
سمح	تُلَرِيرِن	tolerieren
سَمَحَ	دُلْدِن	dulden
سَمَّدَ	دُنگَن	düngen
سَمِعَ	هُرِن	hören
سمين	فَت	fett adj.
سنة	يَارقَنگ	Jahrgang, der
سهل	أَيْفَح	einfach adj.
سَهَّلَ	أَرلَيشتَرن	erleichtern
سهم	أَكسِئَ	Aktie, die
سوداوي	مَلَنكُولِش	melancholisch adj.
سوق	مَركت	Markt, der
سياسة	بُلِتيك	Politik, die
سياسة	بُلِتيك	Politik, die
سياسة التعليم	بِلدُنگسبُلِتِيك	Bildungspolitik, die
سياسي	بُلِيتِكَر	Politiker, der
سينما	كِينُ	Kino, das
سينما	كِينُ	Kino, das
شَاخَ	أَلْتَرْن	altern
شَارَكَ	تَيْلنِمن	teilnehmen
شَاهَدَ	بِسُيگَن	bezeugen
شاهد عيان	أَوگَنسُيْگَ	Augenzeuge, der
شتوتغارت		Stuttgart
شَرِبَ	ترِنكِن	trinken

Handelsgesellschaft,die	هَندَلسگَسَلشَفت	شركة تجارية
Poesie, die	بُؤزِي	شعر
anstellen	أنشِتَلَّن	شَغَّلَ
transparent adj.	تَرَنْسبَرَنْت	شَفَّاف
Schwerin		شفيرين
beklagen	بِكَلَكِن	شَكَا
danken	دَنكِن	شَكَرَ
Form, die	فُورم	شكل
Schleswig-Holstein		شليسفغ هولسشتاين
Nordrhein-Westfalen		شمال الراين - وستفاليا
als Märtyrer sterben	أَلْس مَرْتُيْرر شتَرْبَنْ	شَهِدَ
Flitterwochen, die	دِي,فِلِيترْفُخُن	شهر العسل
Berühmtheit, die	بَرُومتهيت	شهرة
Goldschmied, der	گُلدشِمِيد	صائغ
Eigentümer, der	أَيگَنْتُومَر	صاحب
Handwerker, der	هَندوَركَر	صاحب حرفة
Netto	نَتُّ	صاف
Hersteller, der	هَرشِتَلُّنگ	صانع
wachsen	وَكسَن	صَبِيٍّ
verbessern	فَربَسَرن	صَحَّحَ
etwas verbessern	أَتوَس فَربَسَرن	صَحَّحَ شيء
Journalist, der	جُورنَلِست	صحفيٌّ
gültig adj.	گُلتِگ	صحيح
richtig adj.	رِشْتِكْ	صحيح
exportieren	أَكسبُرتِيرِن	صَدَّرَ
Gesetz ratifizieren	گَستس رَتِفسِيرِن	صَدَّقَ حكما
Geld ausgeben	گَلد أَوسگَابَن	صرف النقود
klein adj.	كلَيْن	صغير

شركة تجارية	هَندَلسگَسَلشَفت	Handelsgesellschaft,die
شعر	بُؤَزِي	Poesie, die
شَغَّلَ	أَنشِتَلَّن	anstellen
شَفَّاف	تَرَنْسبَرَنْت	transparent adj.
شفيرين		Schwerin
شَكَا	بِكَلَكِن	beklagen
شَكَرَ	دَنكِن	danken
شكل	فُورم	Form, die
شليسفغ هولسشتاين		Schleswig-Holstein
شمال الراين - وستفاليا		Nordrhein-Westfalen
شَهِدَ	أَلْس مَرْتُيْرَر شتَرْبَنْ	als Märtyrer sterben
شهر العسل	دِي,فِلِيتِرْفُخُن	Flitterwochen, die
شهرة	بَرُومتهيت	Berühmtheit, die
صائغ	گُلدشِمِيد	Goldschmied, der
صاحب	أَيگَنْتُومَر	Eigentümer, der
صاحب حرفة	هَندوَرگَر	Handwerker, der
صاف	نَتُّ	Netto
صانع	هَرشِتَلُّنگ	Hersteller, der
صَبِيٌّ	وَكسَن	wachsen
صَحَّحَ	فربَسَرن	verbessern
صَحَّحَ شيء	أَتوَس فربَسَرن	etwas verbessern
صحفيٌّ	جُورنَلِست	Journalist, der
صحيح	گُلتِگ	gültig adj.
صحيح	رِشْتِكْ	richtig adj.
صَدَّرَ	أَكسبُرتِيرِن	exportieren
صَدَّقَ حكما	گَستس رَتِفِسِيرِن	Gesetz ratifizieren
صرف النقود	گَلد أَوسگَابَن	Geld ausgeben
صغير	كلَيْن	klein adj.

صغير / فتيٌّ	يُنْگ	jung adj.
صفحة	زَيْتَ	Seite, die
صفحة كتاب	بُوخْزَيتَ	Buchseite, die
صَلَّحَ	رِبَرِيرِن	reparieren
صَلَّحَ / رَمَّمَ	رِبَرِيرن	reparieren
صَلّى	بِتِن	beten
صناعة	إندُسترِي	Industrie, die
صناعة المعادن	مَطَلإندُسترِي	Metallindustrie, die
صناعيٌّ	إندُسترِيَل	Industriell adj.
صناية	إنشطَنتهَلتَن	Instandhaltung, die
صندوق البريد	بُستفَخْ	Postfach, das
صندوق بريد	بريفكَستَن	Briefkasten, der
صَنَعَ	هَرشِتَلَّن	herstellen
صَنَعَ	بُرُدُتزِيرن	produzieren
صَنَّعَ	إندُسترِيلِسِيرِن	industrialisieren
صَنَعَ معه معروفًا	أينًا گفلَّنْ تُونْ	einen Gefallen tun
صنف	أَرتِيكَل	Artikel, der
صوت	تُون	Ton, der
صورة نصفية	بُرترِي	Portrait, das
ضَحِكَ	لَخِن	lachen
ضَرَبَ	شَلَگِن	schlagen
ضريبة	شتَيئَر	Steuer, die
ضَغْطُ الدم	بلُوتدرُك	Blutdruck, der
ضغط سياسي	لُبِئِسمُس	Lobbyismus, der
ضيف	قَست	Gast, der
ضيق / شح / ندرة	كنَبهَيت	Knappheit, die
طابع بريد	بريفمَركَ	Briefmarke, die
طَارَ	فلِگِن	fliegen

طالب	شتُدَنت	Student, der
طالب / تلميذ	شُولِر	Schüler, der
طباشير	كرَيْدَ	Kreide, die
طَبَخَ	كُخِن	kochen
طبعة	أَوْفلاگَ	Auflage, die
طبلة	ترُمَّل	Trommel, die
طرد	هِنَوِسْفِرفَن	hinauswerfen
طرد صغير	بَكشِحِن	Päckchen, das
طريقة الاستعمال	بَدِينُنگسأَينلَيتُنگ	Bedienungsanleitung, die
طريقة الحل	لُسُكسوِكْ	Lösungsweg, der
طريقة الحياة	لَبَنْسْوَيْزَ	Lebensweise, die
طلب	أَنترَاگ	Antrag, der
طَلَبَ	بِأنترَكَن	beantragen
طَلَبَ	بِشتِلَّن	bestellen
طلبية	بَشتَلُّنگ	Bestellung, die
طويل المدى	لَنگفِرِستِگ	langfristig adj.
ظالم	أُنكرَشْت	ungerecht adj.
ظاهر	أُيْسَرِ	äußere adj.
ظرف	برِيفأُمشِلاگ	Briefumschlag, der
ظلم	أُنگَرِحتِگكَيت	Ungerechtigkeit, die
عاتَبَ	فُرْفَرْفِنْ	vorwerfen
عاجل / مستعجل	درِنگَند	dringend adj.
عادي	گَوُنلِج	gewöhnlich adj.
عاصمة	حَبتشطَت	Hauptstadt, die
عالم	وِسَّنشَفتلَار	Wissenschaftler, der
عامل	أَربَيتَر	Arbeiter, der
عامل بناء	بَووَّربَيتَر	Bauarbeiter, der
عامل مصنع	فَبرِكاَربَيتَر	Fabrikarbeiter, der

عامل مياومة	طَاگُلونَر	Tagelöhner, der
عبد	أَنبَتِن	anbeten
عَدَّ	زِلِنْ	zählen
عدالة	فيرنَس	Fairness, die
عدالة	گرِشتِگكَيت	Gerechtigkeit, die
عدواني	أَگرِسيف	aggressiv adj.
عَذَرَ	إنشُلدِكِن	entschuldigen
عرض	أَوفُّورُنگ	Aufführung, die
عرض	أَوسشِتَلُّنگ	Ausstellung, die
عرض	برِزَنطَسِيُون	Präsentation, die
عرض	شُووْ	Show, die
عَرَضَ	دَرلِكِن	darlegen
عَرَفَ / عَلِمَ	وِسَّنْ	wissen
عضو مجلس الشيوخ	زِنَاتُر	Senator, der
عطاء	أَنگَبُوت	Angebot, das
عَفْوِيٌّ	شْبُنْتَنْ	spontan adj.
عقد	فَرترَاگ	Vertrag, der
عقد القِران	دِي، تَرَوُنْك	Trauung, die
عقد تجاري	هندِلسفَرترَاگ	Handelsvertrag, der
علامة (قلم)	مَركِيرشِتِفت	Markierstift, der
علم الاجتماع	زُسِيُلُگِيْ	Soziollogie, die
علم التعليم	دِدَكتِك	Didaktik, die
علم الطبيعة / فيزياء	فِزِيك	Physik, die
علم الوراثة	گَنَتِك	Genetik, die
علميٌّ	وِسَّنشَفتلِشْ	wissenschaftlich adj.
عمدة	بُرْگَرمَيْستَر	Bürgermeister, der
عمل	هَندلُنگ	Handlung, die
عَمِلَ	أربَيْتِن	arbeiten

عملة	وَارُنگ	Währung, die
عمليٌّ	برَكتِش	praktisch adj.
عملية	فَرفَارِن	Verfahren, das
عملية	فُرگَنگ	Vorgang, der
عمولة	برُوِسيُن	Provision, die
عنوان عريض	شلَگسَيلَ	Schlagzeile, die
عنيد	شتُور	stur adj.
عَوَّدَ	گِوِنِنْ	gewöhnen
عَوَّدَ	سِح گَوُونَن أن	sich gewöhnen an
عَوَّضَ	أنتشِدِگَن	entschädigen
عيد ميلاد	گَبُرتسطَاگ	Geburtstag, der
غير جذاب	أنُؤتَرَكتِيف	unattraktiv adj.
غائب	أبوِيزَند	abwesend, adj.
غاز طبيعيٌّ	أَردگَاس	Erdgas, das
غاضب	زُرْنِكْ	zornig adj.
غرفة الانتظار	وَرتَرَوم	Warteraum, der
غزل	غَازَل	Ghasel, das
غشيم	أُنأَرفَارِن	unerfahren adj.
غلاف	أَينبَند	Einband, das
غناء	گَزَنگ	Gesang, der
غَنَّى	زِنگَن	singen
غَيَّرَ	فَرْأَنْدِرْن	verändern
غَيَّرَ	وَكْسِلْن	wechseln
غير عادل	أُنفِرْ	unfair adj.
غير مجبر	أُونگَزُفُنْگَنْ	ungezwungen adj.
غير منتظم / مهمَل	أُنوُردَنتلِح	unordentlich adj.
غير موهوب	أُنْبِگَبْت	unbegabt adj.
غيور	أَيْفَرسُشتِگ	eifersüchtig adj.

فائدة	سِنس	Zins, der
فَاجَأَ	أُ⊠برَّشِن	überraschen
فَانٌ / هالك	شتَربلِج	sterblich adj.
فَاوَضَ	فرْهَنْدِلْن	verhandeln
فَتَحَ	أوفمَخِن	aufmachen
فَتَحَ	أُ⊠فْفنِن	öffnen
فَتَحَ / أَضَاءَ	أَيْنشَلتَن	einschalten
فتح حساب	كُنتُ أَرءُفنَن	Konto eröffnen
فحم	كُولَ	Kohle, die
فحم حجري	شطَينكُولَ	Steinkohle, die
فدرالية	بُندَسرِبُبلِيك	Bundesrepublik, die
فراش الموت	تُوتَنْبَت	Totenbett, das
فرجار	سِركَل	Zirkel, der
فرد	بَرزُون	Person, die
فُرشة	بِنزَل	Pinsel, der
فَرْقَعَ	لَرمَن	lärmen
فسحة	بَوْزَ	Pause, die
فسيفساء	مُزَئِك	Mosaik, der
فصل	كلَسَ	Klasse, die
فصل السلطات	گَولتطَنتَيلُنگ	Gewaltenteilung, die
فضة	زِلبَر	Silber, das
فَعَلَ	مَاخن	machen
فقرة	بَرَگرَاف	Paragraph, der
فَكَّرَ	دِنكِن	denken
فلاح	بَوَرْ	Bauer, der
فن	كُنست	Kunst, die
فنّ الرسم	مَالَرَي	Malerei, die
فهرس	إندَكس	Index, der
فَهِمَ	فَرشِتِهِن	verstehen

فيلم تلفزيوني	فَرنسَفِلم	Fernsehfilm, der
فيلم وثائقي	دُكُمَنتَرفِلم	Dokumentarfilm, der
قارئ	لِسَر	Leser, der
قاضٍ	رِشتَر	Richter, der
قَالَ	سَاگِن	sagen
قَامَ	أُنْتَرْنِمِنْ	unternehmen
قانونيٌّ	يُرِستِش	juristisch adj.
قبر	بَگرَابَن	begraben
قَبِلَ	أَكزِبتِيرِن	akzeptieren
قَبِلَ	أَنَّمِنْ	annehmen
قَبّلَ	كُ☒سَّن	küssen
قبيح,بشع	هَسلِش	hässlich adj.
قَدَّرَ	أَيْنشَتْزِن	einschätzen
قَدَّرَ	شَتْزِنْ	schätzen
قدرة	لَيستُنگ	Leistung, die
قَدَّمَ تقديرا / غَطَّى	بَرِشْتَن	berichten
قديم	أَلْت	alt adj.
قَرَأَ	لِسِن	lesen
قَرَّرَ	أَنْتشَيْدِنْ	entscheiden
قرض	كرِدِيت	Kredit, der
قرض	دَرلِيهَن	Darlehen, das
قسط	رَاتَ	Rate, die
قسم	أَبتَيلُنگ	Abteilung, die
قصير الأجل,عاجل	كُرْسفِرِسْتِگ	kurzfristig adj.
قضاء	يُستِيس	Justiz, die
قطاع	سَكتُر	Sektor, der
قَطَعَ	شنَيدِن	schneiden
قَطَعَ	أُنْتَبرَشِنْ	unterbrechen
قطعة	طَيل	Teil, das

قطعة غيار	أرزَتستَيلَ	Ersatzteile, die
قطيع	هَردَ	Herde, die
قَعَدَ	سِتزِن	sitzen
قلم	شتِفت	Stift, der
قلم حبر	فُلِر	Füller, der
قلم رصاص	بلَيْشتِفت	Bleistift, der
قوي	كرِفتِگ	kräftig adj.
كامل	فُلْكُمَّنْ	vollkommen adj.
كَانَ	سَين	sein
كبريت	شوَافَل	Schwefel, der
كبير	گرُوس	groß adj.
كتاب	بُوخ	Buch, das
كتاب تعليميّ	لَاربُوح	Lehrbuch, das
كتاب جيب	طَشَنبُوح	Taschenbuch, das
كَتَبَ	شرَيبِن	schreiben
كتب متخصصة	زَخْبُوشَر	Sachbücher, die
كَرَّرَ	وِيدَرْهُولَن	wiederholen
كرسيّ	شتُول	Stuhl, der
كَسَرَ	كَبُت مَخِنْ	kaputt machen
كسلان	فَوْل	faul adj.
كَفَى	كِنُكِن	genügen
كَلَّفَ	بَأوفترَاگَن	beauftragen
كَلَّفَ	كُستَن	kosten
كلية	فَكُلتَات	Fakultät, die
كماشة	سَنگَ	Zange, die
كهربائيٌّ	ألكتِرِش	elektrisch adj.
كوميديا	كُمُودِي	Komödie, die
كيان سياسي	شطَاتسوَاسَن	Staatswesen, das
كيمياء	شَمِيْ	Chemie, die

كييل		Kiel
لاجئون	فلُشتلِنگَ	Flüchtlinge, die
لَاحَظَ	بِمَرْكِن	bemerken
لَبِسَ	أَنْزِهِن	anziehen
لجنة	كُمِسِّيون	Kommission, die
لحن	مِلُدِي	Melodie, die
لَحَّنَ	كُمبُنِيرِن	komponieren (Teile)
لَدَى	هَبِن	haben
لَعِبَ	شبِيلِن	spielen
لغة	شبرَاخُ	Sprache, die
لغة أجنبية	فرِمدشبرَاخُ	Fremdsprache, die
لقاء	ترِفَّن	Treffen, das
لَقِيَ	تَرَفَّنْ	treffen
لياقة	أَيْگنُنگ	Eignung, die
مأساة	ترَگُودِي	Tragödie, die
مأساة	ترَگُودِي	Tragödie, die
مأهَّل	كُولِفِسِرت	qualifiziert adj.
مؤتمر/ ندوة	كُنفَرَس	Konferenz, die
مؤسسة	بَترِيب	Betrieb, der
مؤسسة	أُنترَنَامَن	Unternehmen, das
مؤلِّف	أَوتُر	Autor, der
مؤنث	وَيْبلِح	weiblich adj.
مات يموت	شتَرْبَنْ	sterben
مادة	فَخ	Fach, das
مادة أولية	رُوشتُف	Rohstoff, der
مَارَسَ	أَوسأُوبَن	ausüben
مَارَسَ	أُبِن	üben
ماشية	فِيه	Vieh, das
ماغدبورغ		Magdeburg

مال	گُوت	Gut, das
مال,ثروة	فَرمُوگَن	Vermögen, das
ماينز		Mainz
مبلغ	بَترَاگ	Betrag, der
مبلغ تقديري	أَبشَتسَن	abschätzen
مبنى	گَبُيْدَ	Gebäude, das
مبنى للمكاتب	بِرُوگَبيدَ	Bürogebäude, das
مبيعات	أُمصَتس	Umsatz, der
متجر كتب قديمة	أَنتِكْوَرِيَات	Antiquariat, das
متحف	مُزَيُم	Museum, das
متسامِح	نَخسِشتِگ	nachsichtig, die
متطرِّف	رَدِكَال	radikal adj.
متوسط العمر	مِتْلَرَ أَلْتَرْ	mittlere Alter, das
مثابرة	أَوسدَوَر	Ausdauer, die
مثقب	بُونَرمَشِين	Bohnermaschine, die
مثقب	بُورَر	Bohrer, der
مُثمِر	فرُشتبَار	fruchtbar adj.
مثير للإهتمام	إنتَرِسَنت	interessant adj.
مجتمع	گمَينشَفت	Gemeinschaft, die
مجتمع	گسَلشَفت	Gesellschaft, die
مجتهِد	أَربَيْتسَام	arbeitsam adj.
مجلة	سَيتشِرفت	Zeitschrift, die
مجلة مصورة	إلُسْتِرِيرْتَ	Illustrierte, die
مجلِّد	بُوخْبِندَر	Buchbinder, der
مجلس اللوردات	أُوبَرهوس (حَوس دَر أَلتَستَن)	Oberhaus („Haus der Ältesten“)
مجلس النواب	بَرلَمَنت	Parlament, das
مجلس الوزراء	كَبِنَت	Kabinett, das
مجموعة	زَملُنگ	Sammlung, die
مَحَا	رَديرن	radieren

محافظ	گُورنُور	Gouverneur, der
محاكمة	برُسَس	Prozess, der
محام	يُرِست	Jurist, der
محدود	أَنگشترِننگ	engstirnig adj.
محكمة	گَرِشْت	Gericht, das
محكمة ابتدائية	أَمتسگَرِشت	Amtsgericht, das
محل الإقامةالسكنى	وُنأُرت	Wohnort, der
محل الميلاد	گَبُرتسأُرت	Geburtsort, der
مخالف للقانون	رِشتسوِدرِگ	rechtswidrig adj.
مُختبَر	لَبُور	Labor, das
مخرِّب	دَسترُكتِيف	destruktiv adj.
مخطوطة	مَنُسكِربت	Manuskript, das
مدة الخدمة	أَمتسصَيت	Amtszeit, die
مدة الخدمة	دِينستسَيت	Dienstzeit, der
مدرس	لِرَ	Lehrer, der
مدرس الفصل	كلَسَنلِرَ	Klassenlehrer, der
مدرسة الحضانة	فُرشُولَ	Vorschule, die
مدرسة عليا	تَهنِش حُوهشُولَ	Technische Hochschule, die
مدعى	كلَاگَر	Kläger, der
مدفأة	أُوفَن	Ofen, der
مدير	دِركتُر	Direktor, der
مدير	مَنَجَر	Manager, der
مدير	شُولَّيْتَر	Schulleiter, der
مذكر	مَنلِش	männlich adj.
مذكرة	نُتِيتس	Notiz, die
مذيع	شِبرِشَر	Sprecher, der
مراسم	سَرِمُنِي	Zeremonie, die
مرتب	گَهَلت	Gehalt, der
مرتبة	دِينستگرَاد	Dienstgrad, der

مرج	وِيزَ	Wiese, die
مرسِل	أَبسَندَر	Absender, der
مرسَل إليه	أَمفَنگَر	Empfänger, der
مرسم	أَتلِيَار	Atelier, das
مرسوم / إصدار	أَرلَس	Erlass, der
مرشح	گَندِدَات	Kandidat, der
مرعى	وَيدَ	Weide, die
مسؤول	فَرأَنتوُرتُنگسبَوُست	verantwortungsbewusst adj.
مسابقة	وَتبَوَرب	Wettbewerb, der
مساعد	مِتئَربَيتَر	Mitarbeiter der
مساعد	مِتئَربَيتَر	Mitarbeiter der
مستعد للمساعدة	هِلفسبَرَيْت	hilfsbereit adj.
مستعمرة	كُلُنِي	Kolonie, die
مستمِع / سامع	سُوهُرَ	Zuhörer, der
مستهلك	كُنزُمَنت	Konsument, der
مستوى	نِوُو	Niveau, das
مسرح	تَيَاتَر	Theater, das
مسرحية	درَامَ	Drama, das
مسطرة	لِنيَال	Lineal, das
مسمار	نَاگَل	Nagel, die
مشاركة	بَتَيلِگُنگ	Beteiligung, die
مشاهِد	سُوشَوَر	Zuschauer, der
مشروع	برُيَكت	Projekt, das
مشروع	رِشتسمَاسِگ	rechtmäßig adj.
مشغول	بَشَفتِگت	beschäftigt adj.
مشغول	بَسَتست	besetzt adj.
مشهد	سِنَ	Szene, die
مشهور	بَرُومت	berühmt adj.
مَشَى	گهن	gehen

REGISTER ARABISCH - DEUTSCH سجل عربي-ألماني

مصرف / بنك	بَنك	Bank, die
مصنع	برُدُكسِيُونسشِتَتَّ	Produktionsstätte, die
مصنع الصلب	شِطَالوَرك	Stahlwerk, das
مصوِّر	كَمَرَمَن	Kameramann, der
مضاربة	شبَكُلَسِئُون	Spekulation, die
مطبعة	درُكَرَيْ	Druckerei, die
مطرقة / شاكوش	هَمَّر	Hammer, der
معارضة	أُبُّسِتسِؤُون	Opposition, die
مُعْتَمَد	أَنْكِفسِن	angewiesen
معَدَّل العمر	أَلْتَرْسْدُرشنِت	Altersdurchschnitt, der
معهد	أَكَدَمِيْ	Akademie, die
معهد	إنستِتُوت	Institut, das
مغنطيسيٌّ	مَكنَاتِش	magnetisch adj.
مفك	شرَوبَنسِيَر	Schraubenzieher, der
مفهوم	كُنسَبت	Konzept, das
مفهوم	فَرْشَتَنْدّلِشْ	verständlich adj.
مقابلة	إنتَروِيو	Interview, das
مقال	أَسَّيْ	Essay, das
مقدِّم	مُدَرَاتُر	Moderator, der
مقعد	سِتس	Sitz, der
مكالمة خارجية	فَرنگَشبِرِيخ	Ferngespräch, das
مكانة	شتَلُّنگ	Stellung, die
مكتب	بِرُو	Büro, das
مكتبة	بُوشرَيْ	Bücherei, die
مكتبة	بُوهندلُنگ	Buchhandlung, die
مَلَأَ	أَوْسفِلَّن	ausfüllen
ملحَق	أَنهَنگ	Anhang, der
ملخص	أُبَربِلِك	Überblick, der
ملخَّص	سُزَمَّنفَسَّنك	Zusammenfassung, die

ملف	طَتي	Datei, die
مَلَكَ	فَرفُكِن	verfügen
مليح / حلو / لطيف	نَت	nett adj.
ممارسة الضغط	درُك أَوْسبَوَن	Druck ausbauen adj.
ممثل	دَرشتَلَّر	Darsteller, der
ممثل	دَرشتَلَّر	Darsteller, der
ممثل	شَوشبِيلَر	Schauspieler, der
ممثل / وكيل	فَرترِيتَر	Vertreter, der
ممثلة	شَوشبِيلَرِن	Schauspielerin, die
ممثلة	شَوشبِيلَرِن	Schauspielerin, die
مملكة	كُونِگرَيش	Königreich, das
من ذوي البشرة الفاتحة	هَلهُيْتِگ	hellhäutig adj.
منتج	برُدُسَنت	Produzent, der
منحة دراسية	شتِبَندِئُم	Stipendium, das
منحوتة	سكُلبتُور	Skulptur, die
منشأ صناعي	إندُسترِيأَنلَاگَ	Industrieanlage, die
منشار	زَاگَ	Säge, die
منشور	فلُوگبلَط	Flugblatt, das
منشور	برُسبَكت	Prospekt, das
منطقة	دِسترِكت	Distrikt, der
منطقة صناعية	إندُسترِيگبِيت	Industriegebiet, das
منظور	زِحتبَر	sichtbar adj.
منهج التعليم	لَاربلَان	Lehrplan, der
مورد	رِسُورسَ	Ressource, die
مورِّد	لِيفَرَنت	Lieferant, der
موسيقى	مَزِيك	Musik, die
موضوع	تِيمَ	Thema, das
موضوع إنشائيّ	أَوْفصَتس	Aufsatz, der
موظف / مستخدم	أَنگَشتَلتَ	Angestellte, der

موظف البنك	بَنكأَنگَشتَلتَ	Bankangestellte, der
موعِد	تَرمِين	Termin, der
موهبة	طَلَنت	Talent, das
ميكلينبورغ-فوربومرن		Mecklenburg-Vorpommern
ميونخ		München
نائب	وِيسَبرِزِدَنت	Vizepräsident, der
ناشر	هَرَوسگَابَ	Herausgeber, der
نَافَسَ	كُنكُرِيرِن	konkurrieren
نَاقَشَ	دِسكُتِرِن	diskutieren
نَامَ	شلَفِن	schlafen
ناي	فلُوتَ	Flöte, die
نجار	شَرَينَر	Schreiner, der
نجار	تِشلَر	Tischler, der
نحاس	كُبفَر	Kupfer, das
نحاس أصفر	مَسِّنگ	Messing, das
نحت	بِلدَهَووَرَيْ	Bilderhauerei, die
نحيف	دُن	dünn adj.
ندوة	زَمِنَار	Seminar, das
نَسَبَ(ه) زورا	أُنْتَرْشتِلَّنْ	unterstellen
نسخة	أَكسَمبلَر	Exemplar, das
نسخة	فُوتُكُبِي	Fotokopie, die
نسخة	كُبِي	Kopie, die
نَشَء	أَوْفْوَكْسَنْ	aufwachsen
نشر	بُبلِسِيرِن	publizieren
نَشَرَ	بُبلِسِيرِن	publizieren
نشرة الأخبار	نَخرِشت	Nachricht, die
نشيد وطني	نَتسِئُنَالِهمنَ	Nationalhymne, die
نظام حقوقي	رِشتسِّستَام	Rechtssystem, das

نَظَرَ / رَأى	سَاهَن	sehen
نَظَرَ إلى	أنْشَوَن	anschauen
نَظَّمَ	أُرْگَنِسِرِنْ	organisieren
نَظَّمَ	أُرگَنِسِيرِن	organisieren
نَفَخَ	بلَا سِن	blasen
نفط / بترول	أَردأُول	Erdöl, das
نفوذ	أَينفُلُس	Einfluss, der
نَقَحَ	بَأَربَيتَن	bearbeiten
نَقَدَ	كِرتِسِرَنْ	kritisieren
نَقَدَ	رَسَنزِيرِن	rezensieren
نقطة تفصيلية	دِطَيل	Detail, das
نَقَلَ	شبِكَن	spicken
نَمَا	وَكْسِن	wachsen
نمو	وَكستُوم	Wachstum, das
نهاية الحياة	لَابَنسأَنْدَ	Lebensende, das
نوتة	نُوتَ	Note, die
نيابة	فَرتريِتُنگ	Vertretung, die
هاتف / تليفون	تَلَفُون	Telefon, das
هاتف محمول	هَندِي	Handy
هادئ / ساكن	رُهِگ	ruhig adj.
هامبورغ		Hamburg
هانوفر		Hannover
هَبَّ	وِهِن	wehen
هَدَّدَ	دُرُهَنْ	drohen
هسن		Hessen
همّة	أَيْفَ	Eifer, die
هو على ديون	شُلدَن هَابَن	Schulden haben
هوائي	أَنتَنَّ	Antenne, die

AFGHANISTIK VERLAG EMPFIEHLT

NOOR NAZRABI

DAS WILLKOMMENS- GESPRÄCHSBUCH DEUTSCH - ARABISCH

Gesprächsratgeber für neue Mitbürger

Das "Willkommengesprächbuch für neue Mitbürger BAND 1" hilft in 10 Kapiteln, 87 Unterkapiteln und 100 Themenbereichen mit den wichtigsten, gängigsten Standardsätzen und Formulierungen im Alltag.

Von der Ankunft in Deutschland bis hin zur Jobsuche.

Seiten: 345
Bilder: 100 S/W
Preis: 23,00 €
ISBN 978-3-945348-13-0
Weitere Informationen und Leseproben auf www.afghanistikverlag.de